横山隆治
大橋聡史
川越智勇

届くCM、届かないCM

視聴率＝GRPに頼るな、
注目量＝GAPをねらえ

SE
SHOESHA

はじめに

横山 隆治

昨今「デジタルマーケティング」というワードが声高に叫ばれるようになった。しかし、その多くはデジタル領域にしか「打ち手」がない、あるいはネット領域しか知らない人たちである。

「デジタルマーケティング」という特殊なマーケティングがあるわけではない。マーケティング全体がデジタル化するのである。つまり、従来のマーケティング施策や広告もデジタル化、つまりデジタルデータによる最適化が実行される時代である。

その意味で、マス広告を企画実施している企業の宣伝部こそがデジタル化しないといけないし、マス広告の雄である「テレビＣＭ」にデジタルデータで最適化したり、デジタル広告で補完、または相乗効果を醸成するという考え方が必要となってきている。

すでに消費者のファーストスクリーンはスマホに移行していると言っていい。しかし、日本では広告メディアとしてのテレビのパワーは依然として、その他のメディアを凌駕している。しかしその到達は、人口の多い高齢層の視聴時間が長く、人口の少ない若年層の視聴時間が短いことで起こる大きな偏向状態にある。

マス広告宣伝部は従来のセルサイドのデータを鵜呑みにするのではなく、バイサイドとしてもう一度「テレビCM」というものが視聴者にどう届いているのか、どう反応しているのかをデータで把握する必要がある。

誰もが体験的にテレビがついていてもちゃんと見ていない状況があることを認識している。しかし世帯視聴率というテレビ広告の取引通貨は、テレビがついているという状況を指標化したに過ぎない。どこまで視聴者は見てくれているのか、どんなCM、どんな映像や音声要素に反応してくれるのか。そうしたことを科学することで、多額なコストを使うテレビCMを職人の経験と勘頼みにしないこと、それがこの本の主張である。

筆者は日本のネット広告の黎明期から二〇年以上、デジタル広告、デジタルマーケティングに携わってきた。しかし、それ以前はテレビCMを制作し、テレビ番組やテレビスポットを実施する典型的なマス広告を企画実施するアドマンであった。

その経験から、テレビスポットの到達量をGRPやTARPという率を足し上げるのではなく、到達人数やインプレッション数というデジタル広告の指標（絶対数）に合わせる手法を開発し、指標化している。それによって、デバイス間を統合的に管理したり、エリアをまたいで投下量を合算したりできる。

また、クリエイティブに関しては、これをデータを使ってその効果を最大化する試みにずっと関心を持っていた。なぜなら、クリエイティブが広告効果における最も大きな変数だからだ。広告投資のROIを分析する機会が増える中、最も大きな説明変数であるクリエイティブをどうやって数値化し、最適化するための分析ができるかが、ここ何年かのテーマであった。

この本に書かれている内容は、そうした試みの一端である。

筆者は、今後は「データを味方にできるクリエイター」が、力のあるクリエイターとなると思う。従来、経験と勘でやってきたことも、それが成功していることをデータが立証してくれることも多い。

「送り手から受け手へ」というメガトレンドの中で、テレビ番組やテレビCMだけが作り手や送り手の「ひとりよがり」で作られ続けるとはとても思わない。

ただ、筆者はクリエイターのビッグアイデアや良質なジャンプを否定しているわけではない。データを使ってクリエイティブを最適化するという思考は、あくまで、クリエイターがジャンプするために、跳び箱の前に置くロイター板の位置と方向を定めるためにデータを使うということだ。

是非、テレビCM制作に携わる広告主、エージェンシー、制作会社の方々にこの本に目を通していただき、何らかの新たなクリエイティブ思考の発端にしていただけたら幸いである。おそらく、今後はテレビCMだけ、あるいはオンライン動画だけ作るのではなく、テレビとデジタルの役割と連携をデザインし、統合的にクリエイティブ開発する時代になるだろう。そうした発想のためのきっかけにしていただけると有難いと思う。

Ⅰ テレビ広告の新たな可能性

横山 隆治［著］

II 注目量でわかるCM効果

大橋 聡史［著］

I テレビ広告の新たな可能性

横山 隆治［著］

第1章 注目総量〈グロス・アテンション・ポイント〉

メディアプランとクリエイティブ力を統合した初めての指標

GAP（グロス・アテンション・ポイント）とは

テレビがついていても、見ていない？

テレビの視聴率は、テレビが特定のチャンネルを映している状態で計測している。しかし視聴実態を考えると、「テレビがついていても、目を向けていないときはある。それどころか、つけっぱなしでテレビの前にさえいないこともある」と、誰しもが体験的に感じているだろう。つまり、視聴率だけでは本当の視聴実態にはならないのではないかという疑念は、かねてからあった。

視聴率の測定機器がどうなっているかというと、テレビをつけてから、リモコンにある視聴者を特定するボタン（自身が見ているということを示す）を押さないと計測できない。誰と誰が視聴しているかは、本人がリモコン操作をしないとわからないのだ。

従来はこれ以外の方法、つまりもっと精緻に視聴実態を観測する術はなかった。しかし、昨今のセンサー技術が、より具体的にテレビの視聴実態を解明することに成功している。筆者もこのテクノロジーには驚きとともに大きな期待を持った。

「視聴質」を測定する

実際に、テレビにセンサーカメラを設置する試みが増えている。テレビの前に家族の構成員のうちの誰がいるのか、どの程度テレビ画面を注視しているか、どんな表情をしているのか、誰と誰で見ているのか……など、これまで把握できなかった視聴実態を調べられる仕組みが登場して、テレビ視聴をより科学的に、その「質」を調べることに成功しているのだ［図1－1］。

そうしたデータの中の、テレビ画面注視率（これを「アテンション・インデックス」という）を、特定のCMに関してすべて足し上げた数値を、筆者はGAP（グロス・アテンション・ポイント）と名付けた。GRP（グロス・レイティング・ポイント）が、CMの視聴率を足し上げたものであるのに対し、GAPはその数値にさらに視聴の「質」を掛け算したものと言える。つまり、

実際の取得イメージ

家庭内への設置イメージ	データの取得イメージ

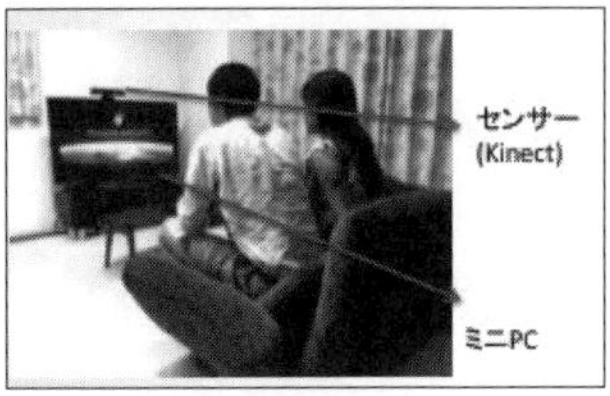

- テレビの上に簡単に設置でき、既存の視聴率把握と違い、視聴者にいっさいの操作を要求しない
- 謝礼つきでの設置となり、事前調査でも1000世帯を越す視聴者が設置に前向きと返答

- 一秒ごと、最大6人までのデータを取得
- プライバシーに配慮し、取得データはすべて図内左上に現れる「0」「1」データのみ。画像、映像はいっさい取得しない（本画像はデモ用）

図 1−1　視聴質測定の一例

GRPが「何発打ったか」であるのに対し、GAPは「標的に何発当たったか」を示す指標である。

CMの明暗が一目瞭然

［図1−2］のグラフは、同じ商品カテゴリーで、まったく同じ時期に、ほとんど同じGRPのスポット広告を投下した、ある二社のCMを比較したものだ。それぞれのGRPとGAPの推移を表している。

投下量はほとんど同じGRPであるのに対し、GAPは三〇%も差が出ている。AとBでは、CMの注目の集め方（画面注視総量）が、三割も違うのだ。

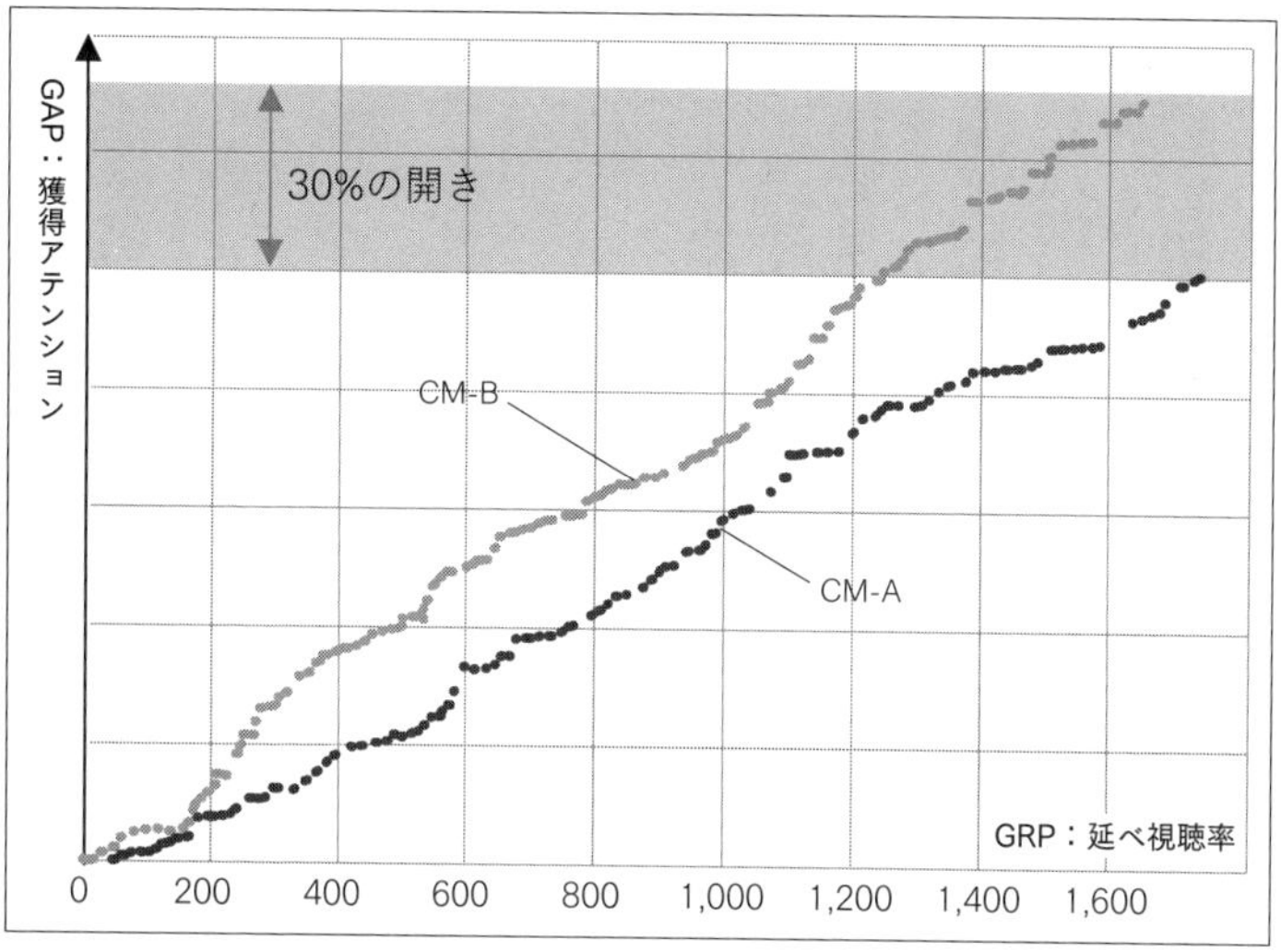

図 1－2 同業2社のGAPを比較した例

その原因は何が考えられるだろうか。まず、当然CMクリエイティブの差だ。Bはタレントが出てきているうえに、おもしろい展開のものだ。なるほど差があると思える。また、よく調べるとAはキャンペーン期間中、ほぼ同じペースで投下しているのに対し、Bは一週間流して、次の一週間は減らし、また次の一週間は増やすという「パルス型」にして、投下に変化をつけている。おそらく、違いがあるとするとこの二つだ。もちろんクリエイティブの差が最も大きく影響していると思うが、スポットの投下の仕方も影響しているに違いない。

このグラフのように、ほぼリアルタイムで、GRPとGAPを測定できるとすると、いろんな「打ち手」が可能になる。

たとえば、競合ブランドと自社ブランドのテレビキャンペーンのGRPとGAPの推移がリアルタイムでわかると、さまざまな利点がある。マーケティング活動もある意味で競合ブランドとの「闘い」なので、相手の動きをつぶさに把握していなければならない。孫子の兵法のごとく、敵を知り、己を知れば百戦あやうからず。そもそもテレビへの出稿をどのくらいの量で、どういうタイミングで打つべきかは、競合ブランドの出方を知らないと決められないはずなのだ。その際、GRPだけ比較してもあまり意味がない。

自社の出稿におけるGRPが変わらないのにGAPが落ちてきたら、おそらくCMクリエイティブの賞味期限が切れてきている。すぐに素材の差し替えをして、鮮度を保とう。あるいは、競合の出稿量の山に対抗するのか、谷間を狙ったほうがいいのか。とにかく相手のあることなので、リアルタイムの状況をもとに闘い方を差配できれば、勝機をつかめるというものだ。

もちろん、テレビスポットをリアルタイムで買い付けることは、今のところはできない。しかし、デジタル広告は入札型のプログラマティックバイイング［注1］が可能で、テレビ広告の補完機能はかなりある。テレビCM投下の推移をリアルタイムで把握して、デジタル広告をベストなタイミングと量で投下すれば、デジタルとCMキャンペーンの組み合わせを最適化できる（詳しくは後述）。

［注1］：さまざまな関連データをもとに、広告枠を自動でリアルタイムに買い付けすること

テレビ広告効果の方程式

ＧＡＰは、本当の効果を示している。投下量だけではわからない、「メディアプラン×クリエイティブ力」の結果である。テレビ広告の効果とは、大まかに言うと左記の変数の掛け算で成り立っていると思っている。

①誰が見ているか（ターゲット）
②いつ見ているか（タイミング：時期、曜日、時間帯）
③どんな番組とともに見ているか（コンテンツ、選局）
④どれだけの量を投下しているか（ＧＲＰ量）

この四つの要素に、さらに「ＣＭクリエイティブ」を掛けたものが、テレビ広告の効果のはずだ。ただし、ターゲットは固定しておかなければいけないので、広告主の企業としては①はすでに決まっている。そうすると、②〜④と「クリエイティブ」を調整することによって、テレビ広告の効果を最大化していくことになる。この効果を表す数値が、すなわちＧＡＰなのである。

視聴率から視聴質へ

視聴率はマーケティングデータにならない

本書では、「視聴率」だけでなく、視聴率に「視聴質」を掛け算して、本当の効果を見てみようと提唱する。「視聴率から視聴質へ」というよりは、視聴率から「視聴率×視聴質へ」といったほうが正しいだろう。

GRPというのも、考えてみれば不思議な数値だ。テレビCMのそれぞれの視聴率を足し上げるということをしている。これはそもそも従量課金のため、つまり料金を計算するために誕生した単位である。いわば取引通貨なので、マーケティングデータというのには、いささかしんどい数値である。

特に現在の「世帯GRP」を目安にするのはかなり苦しい。人口の多い高齢層の視聴時間が極めて長く、人口の少ない若年層の視聴時間が短い状態においては、全体をひとくくりにした世帯GRPベースでは、到達状況を把握することはできない。

また、番組によって見方が変わるのも事実で、ずっとつけっぱなしであまり画面注視をする機会のない番組もあれば、わざわざチャンネルを合わせてしっかり見る番組もある。同様に、オーディエンス（視聴者）によっても視聴質の違いがある。

やはり同じ視聴率でも、質の違いで、その本当の効果や価値をしっかり把握することが必要なのではないか。それにより、大きな効果をもたらすがコストも極めて高いこの広告メディアを、本当に最適化するための材料になると筆者は思う。

リアルタイムの実測値を見ることの重要性

さらに、GRPとGAP両方の実測データをリアルタイムで把握することを提唱したい。

［図1－3］はGRPとGAPの推移を、自社ブランドと競合ブランドで比較してリアルタイムで把握できるダッシュボードで、デジタルインテリジェンス（以下、DI社）が開発したものである。

このようなものでデイリーの数値を把握することで、たとえば前述のような「GRPは

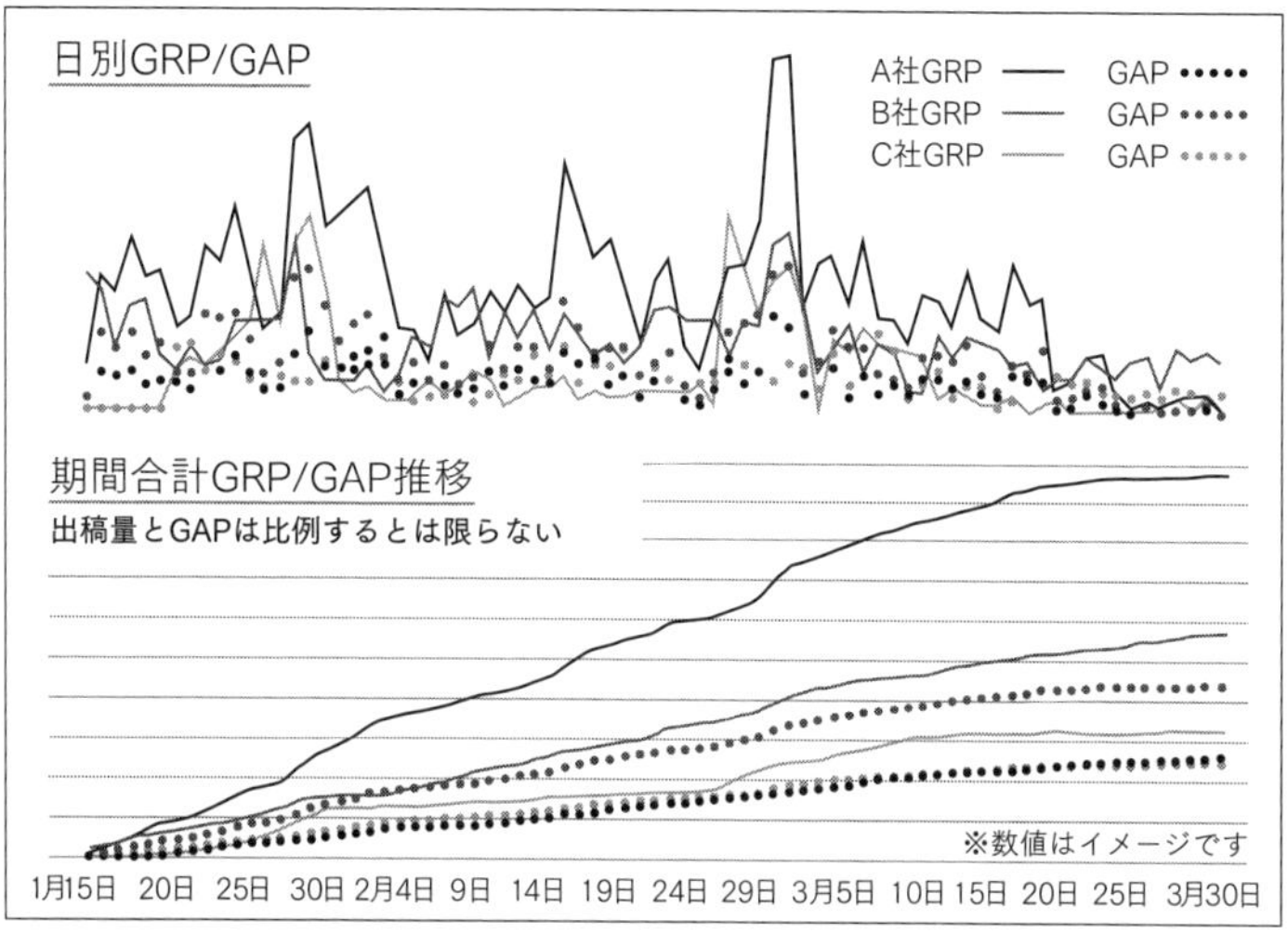

図 1−3 GRP推移とGAP推移のグラフ例

順調に取れているのに、GAPが伸び悩んでいる」という様子がわかる（こういうときはCM素材に問題があるので、早く差し替えたほうがいい）。「競合ブランドが大量にGRPを積んできて、GAP量もそれに比して大きくなっている」とすると、「デジタル広告のプログラマティックバイイングで即時に対抗する」などの打ち手が取れる。

先に述べた、競合相手の出稿の山にぶつけるとよいのか、出稿の谷に乗じたほうがよいのかといった知見も、こういったデータを繰り返し見ることで得られる。

メディア×クリエイティブ＝キャンペーンの効果

繰り返しになるが、ＧＡＰという数値は、メディアの打ち方や量と、クリエイティブのパワーを掛け算したものである。こうしたデータを把握して、さまざまなブランドのキャンペーンでノーム値化［注2］できると、キャンペーン効果の最適化を図るための情報集約ができる。

現場ではどうしてもクリエイティブはクリエイティブ、メディアはメディアと、プランニングや実施が別々に行われる。しかし本当はこれらの掛け算なので、メディアプランによってクリエイティブの向き不向きがあることや、逆に「こういうクリエイティブではこんなメディアプランが最適なのか」といった発見がデータによりもたらされるはずである。

［注2］：ノーム値は基準値のこと。過去のデータから算出する

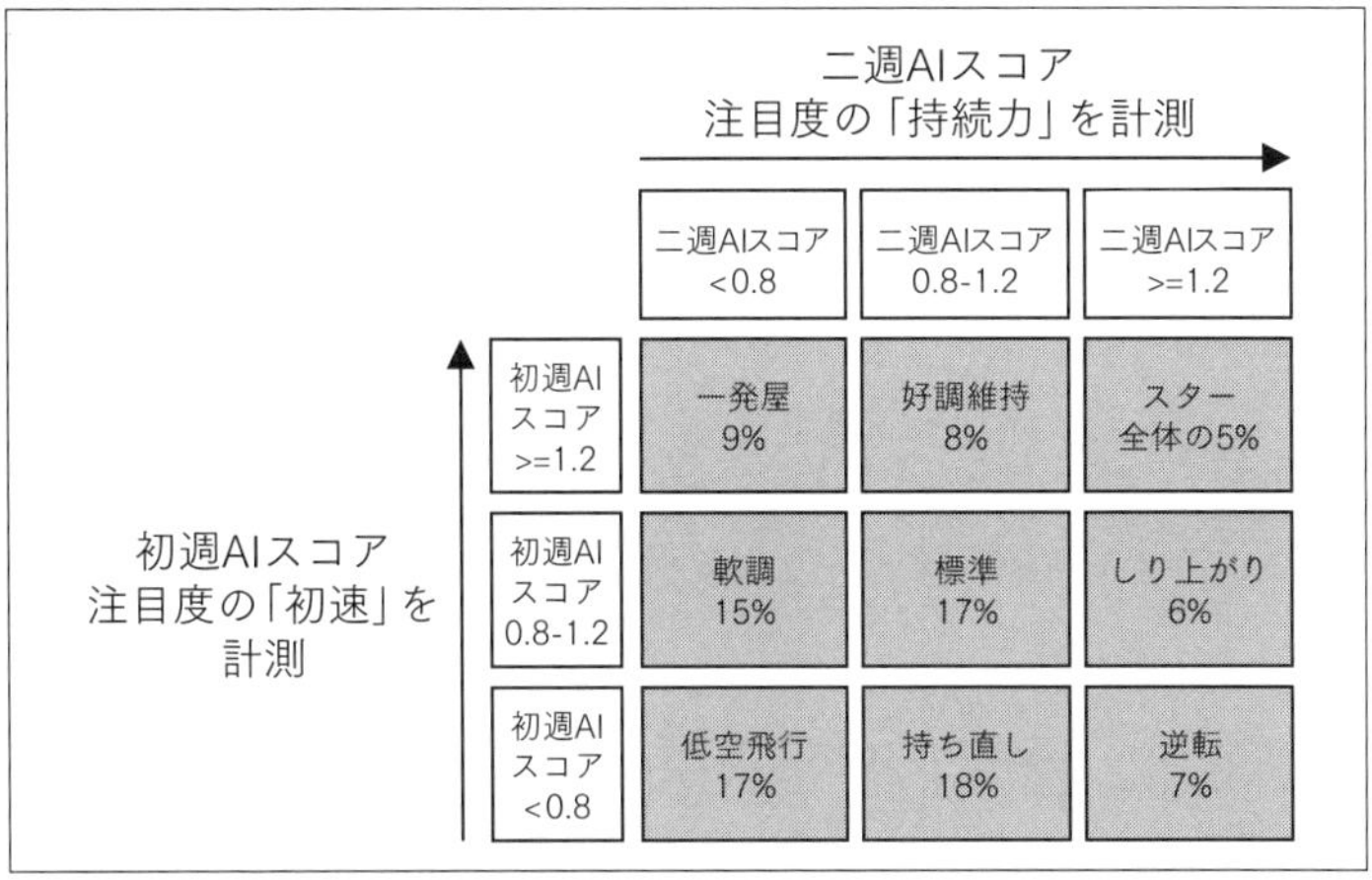

図 1−4 AI値（アテンション・インデックス値）のマトリクス

正しい分析で、正しい戦略を

【図1―4】は、CMの画面注視データを、キャンペーン開始一週目と二週目で比較すると表れる傾向をマトリクスにしたものである。

この図を見ると、一週目のCMのAI値（アテンション・インデックス値＝画面注視率）は高いが二週目には減速するもの、逆に一週目は低いが二週目は上がっていくというものなどがあり、傾向が一定ではないことがわかる。

前者は、最初は高いがその分すぐ落ちる「一発屋」と言えるが、キャンペーン期間が比較的短期間で、出稿量もそう多くはないという場合、このクリエイティブは決して悪くない。むしろ、短期間・少出稿量の状況では狙って作るべきである。すぐ飽きられてもインパクトの強いものを作って初速を大事にすることには、合理性があるわけだ。

反対に長い期間使うもの、一定以上の出稿量があるキャンペーンには、質感の高い飽きられないものが求められるだろう。

ＣＭがどの程度アテンションを獲得しているかを知ると、おのずと戦略も変わってくる。そして、メディアの打ち方や出稿量との相関の中で最適解を導き出すことが、テレビ広告を最も効果的に使う道だと言える。

I テレビ広告の新たな可能性

横山 隆治［著］

第2章 テレビCMの効果をリアルタイムに捕捉する

テレビとデジタルを同じ土俵に上げると何ができるか

率かインプレッション数か

ネット広告の効果測定

筆者は八〇～九〇年代に、広告代理店の営業として多くのテレビスポット案件を受注していた。その後、九六年からネット広告のメディアレップを起案設立して、黎明期のネット広告の指標づくりに携わってきた。

ネット広告では、アドサーバーにかかるリクエスト数を、広告の配信数ならインプレッション数、広告掲載面のリクエスト数ならページビュー数として区別している。広告配信数のカウントも、ユーザー側に表示されたことを別の監視用サーバーに信号として送っている。これにより、アドサーバーのアドリクエストだけでは確実なカウントにならない（本当に見られているかわからない）ところを明確化している場合もある［図2－1］。このようにして、到達実態をはっきりさせようとする努力が積み重ねられてきた。

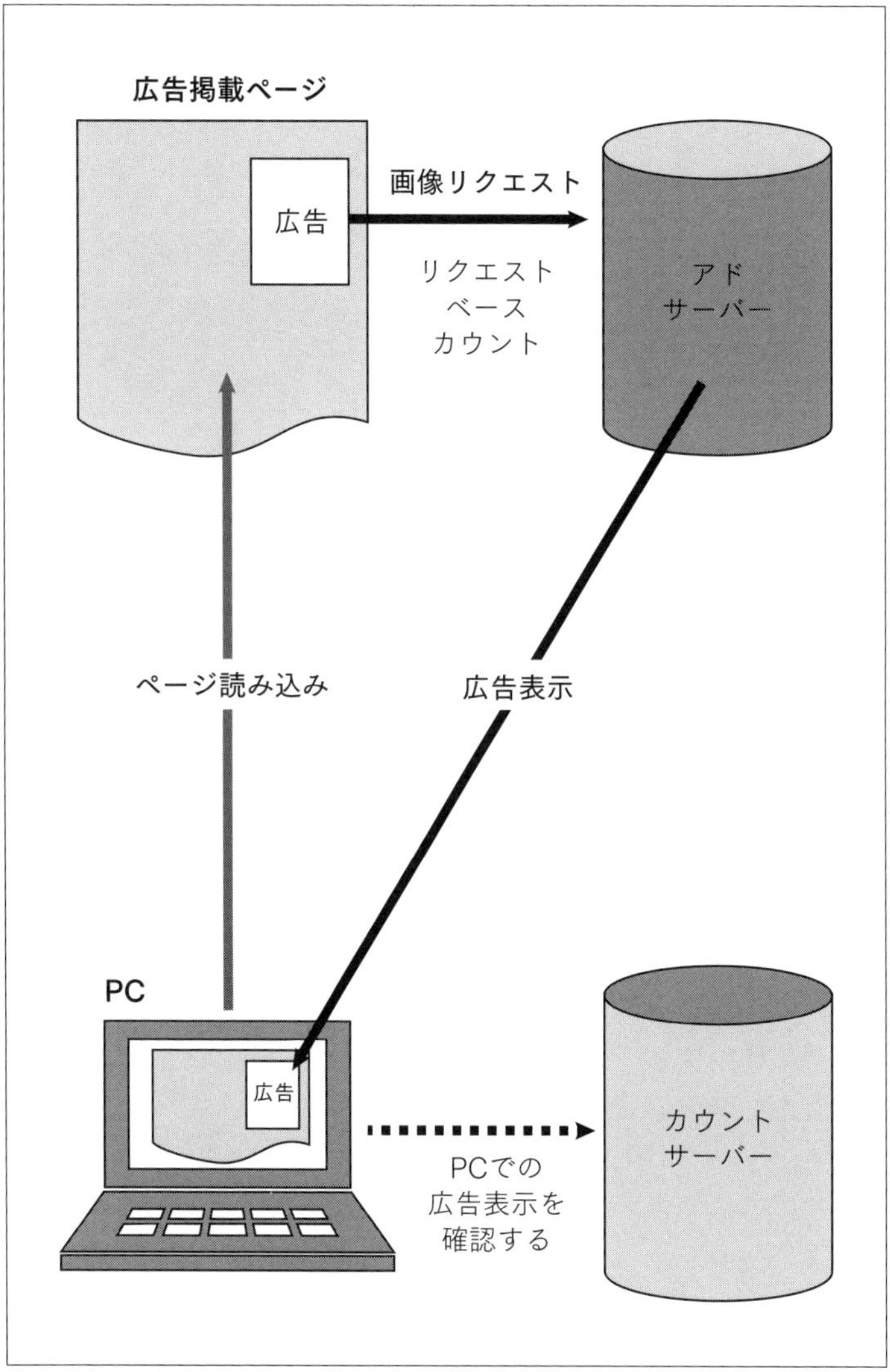

図2－1 ネット広告の到達把握の仕組み

また、個別のユーザーへの到達も、ブラウザーIDとしてクッキーファイルを利用して、ユニークユーザー数をカウントすればわかる。インタラクティブ（双方向）な環境を十分に活用し、広告の到達把握ができている。

指標としての視聴率の破綻は進んでいる

一方、テレビは長年ビデオリサーチのパネル調査をベースに、基本的に世帯視聴率と個人視聴率だけが指標だったといっていいだろう。アクチャル（実際に獲得できた視聴率）を、世帯やターゲット個人で把握することが、ほぼ到達実態として報告されていて、それに対して広告代理店も広告主もいっさい疑問には思ってこなかった。

しかし、M1やF1といった若年層の人口は、この十数年間にほぼ八掛けくらいにまで減っている。また、テレビの視聴時間も特に若年層で少なくなっており、テレビをまったく見ないという層も、確実に出現してきた。

こうなると、到達をパーセンテージで把握するのは、間違っていると言わざるを得ない。M1やF1だったらその母数は大きく減っているわけで、以前と同じパーセンテージでも到達人数の絶対数は減っていることになる。これではマーケティング指標としては意味をなさない。つまり、これまでのテレビ広告においては、基本中の基本であるはずの「ターゲットの何人に広告が到達したか」と「商品がどれだけ売れたか」の関係を説明できないのだ。

実は、到達実態を「率」で把握できるとするなら、次の大前提が必要である。

前提

テレビは全世帯に普及していて、全員が見ている。そして人口は増えているか、変わらない。

人口は減っていて、見ない人は増えている。しかも人口の多い高齢層の視聴時間が長く、人口の少ない若年層の視聴時間が短いという中では、従来の指標では実態を把握できなくて当然だろう。

テレビスポットの問題点

テレビCMのインプレッション

そこで筆者は、テレビCMの到達にネット広告で用いた「表示回数（インプレッション数）」を使うことにしている。テレビ視聴データを測定するためのパネルで、CMが何人に何回ずつ当たったかはわかるのだから、それを用いれば次のことを推量できる。

- 全体のインプレッション数
- ターゲット別のインプレッション数
- ターゲット別のフリークエンシー分布

［表2―1］と［図2―2］は、実際のテレビスポットキャンペーンの到達実態を表したものである。

アクチャルで六二六・四GRPに到達しているこのキャンペーンは、CM素材を見る限り、ターゲットはティーン男性と二〇代男性だと思われる。これは関東地区でのデータだ

ティーンを対象としたTVCMの到達

分析対象期間	出稿本数	累積放送時間	GRP〈世帯〉	視聴率単価 ※1	出稿額合計 ※2
4/28〜5/18	193 (本)	3,240 (秒)	626.4 (GRP)	100,000 (円)	62,640,000 (円)

	4歳以上 男女 ※3	13歳以上 男性	13〜19歳 男性	20代 男性	30代 男性	40歳以上 男性
サンプル数 (n)	5,003	2,245	178	300	458	1,309
最大標本誤差 (%) ※4	± 1.4	± 2.1	± 7.5	± 5.8	± 4.7	± 2.8
人口〈関東〉 (人) ※5	41,456,306	18,957,355	1,374,971	2,473,531	3,224,077	11,884,776
リーチ推計 (人)	26,483,532	12,192,523	650,155	1,265,087	1,960,078	8,317,203
含有率 (%)	100.0	46.0	2.5	4.8	7.4	31.4
到達率 (%) ※6	63.9	64.3	47.3	51.1	60.8	70.0
合計imp (imp)	132,417,661	59,363,357	1,950,465	5,313,367	9,016,357	43,083,167
CPM (円)	473	1,055	32,115	11,789	6,947	1,454
リーチ単価 (円) ※7	2.37	5.14	96.35	49.51	31.96	7.53
imp単価 (円) ※8	0.47	1.06	32.12	11.79	6.95	1.45

※1 視聴率1%あたり、10万円と仮定
※2 GRP×視聴率単価にて推計
※3 4歳以上男女の数値は20歳以上男女と算出ロジックが異なるため、数値にずれが発生する場合がある
※4 視聴率が50%だった場合の標本誤差
※5 「【総計】平成26年住民基本台帳年齢階級別人口(市区町村別)」より
※6 到達率は、属性別視聴率に「主要耐久消費財の普及率(一般世帯)」よりTV普及率96.5%をかけ、算出
※7 リーチ単価は、出稿額合計を各セグメントのリーチ推計で割り算出
※8 imp単価は、出稿額を各セグメントのimp推計で割り算出

表2ー1 ティーン男性と20代男性をターゲットにしたCMの到達実態例(数値)

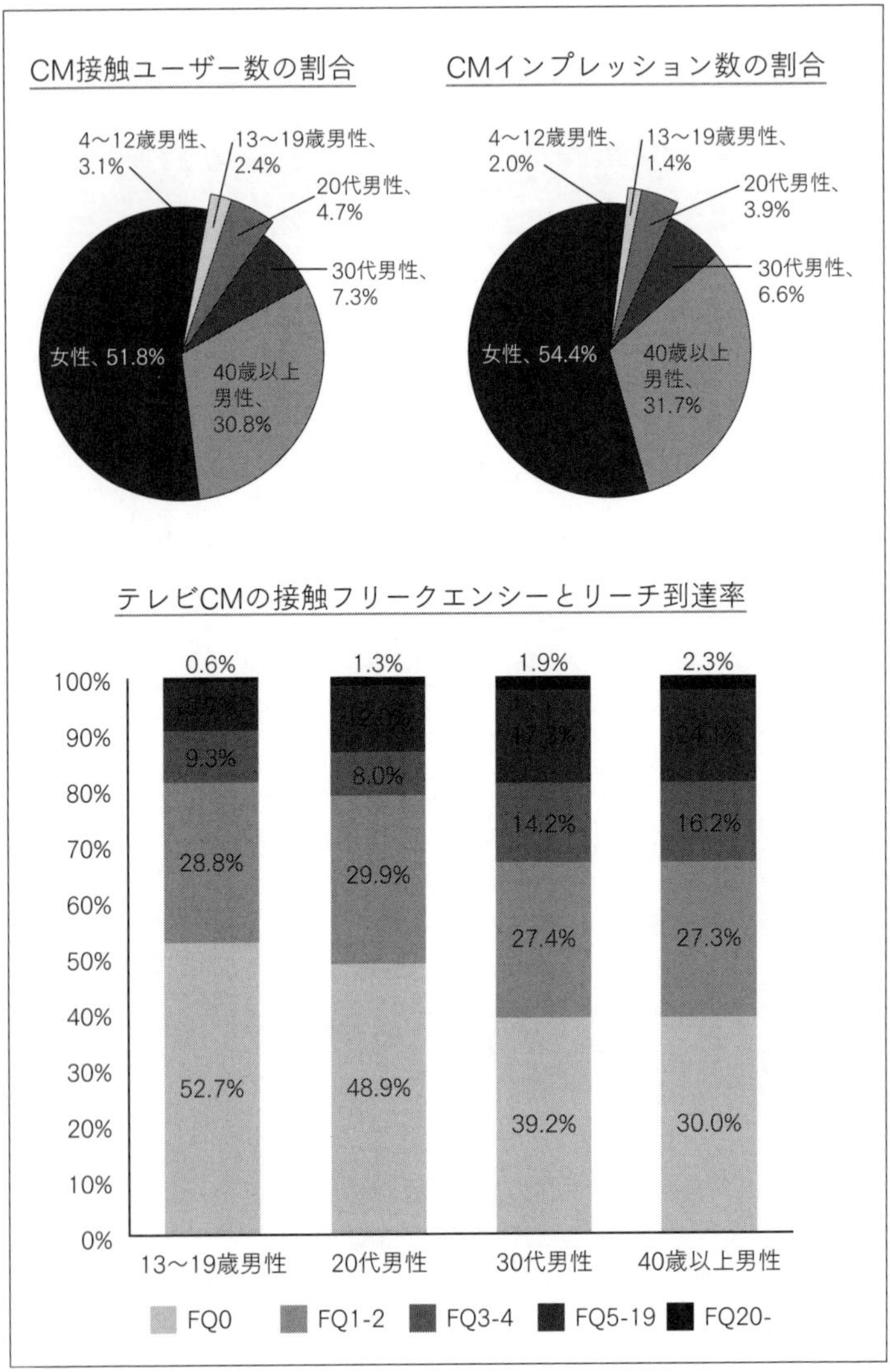

図2−2 ティーン男性と20代男性をターゲットにしたCMの到達実態例（グラフ）

が、人口から推計される到達人数は、約二六五〇万人になる。そして合計のインプレッション数、つまりCMの総表示回数は、約一億三二四〇万回である。

今まで、「テレビCMの総表示回数」という概念を提示する人はいなかったと思うが、マス広告を徹底してやったあと、ネット広告を黎明期から見てきた筆者には、テレビCMを表示回数にすることはむしろ自然であった。

そして、この到達実態によって、今のテレビの課題が浮き彫りになる。

狙い通りに当たっていない現実

四歳以上の男女全体では、右記の合計インプレッション数が一億三二〇〇万回で、パーコストを一〇万円と仮定した場合、CPM［注1］は四七三円と非常に安く効率的だ。まさに、テレビ広告はこういった面を評価されてきた。

しかし、この商品のターゲットであるはずのティーン男子に限ると、到達人数は約六五万人、表示回数は約一九五万五〇〇〇回で、CPMは約三万二〇〇〇円になってしまう。二〇代男性では、到達人数は約一二六万五〇〇〇人、インプレッション数は約五三一万三三〇〇回で、CPMは約一万二〇〇〇円だ。これを到達した人全体から見ると、一三〜二九歳の男性は、ＣＭ接触者全体の七・一％、ＣＭのインプレッション数の五・三％にしかならない。つまり、このスポットキャンペーンにおいて、テレビＣＭは二〇回に一回しかターゲットに当たっていないことになる。

これが今のテレビスポットの問題点だと言える。これなら、たとえ視聴率が低くても若年層向けの番組を買ったほうがいいだろう。

[注１]：Cost Per Mille の略。表示一〇〇〇回あたりの広告コストのこと

ＣＭをインプレッション数で把握する効用

ネット広告と同じように、テレビＣＭもインプレッション数で把握する。この効用は、到達実態を把握するばかりでなく、エリアをまたいで合算することができる利点がある。さらには、テレビとデジタルの到達を統合的に把握したい際に都合がよい。

ＧＲＰという数値は取引通貨としては便利だが、マーケティング指標としては扱いづらいものだ。そもそも視聴率は、母数の違うエリアで合算ができない。関東地区の一〇〇〇ＧＲＰと関西地区の一〇〇〇ＧＲＰは母数が違うので、足して「二〇〇〇ＧＲ

P」というわけにはいかない。しかし、インプレッション数であれば、関東の一〇〇〇万回と関西の五〇〇万回は足して一五〇〇万回になる。到達人数も、関東の五〇〇万人と関西の二五〇万人は合わせて七五〇万人だ。

このように、マーケティング指標というのは、マーケターがマーケティングする際に融通の利くデータでなければならない。テレビの視聴率測定ですでに取れているデータで把握できるにもかかわらず、今までいっさいやってこなかった。広告主がなぜこういうデータを出せと言わなかったのか不思議である。

送り手の指標から受け手の指標へ

テレビ番組の編成権は視聴者にある

そもそも、テレビ各局が放送エリアを示している資料は、「この範囲で電波が飛んでいます」というものだが、「この範囲で電波を受信できます」と言い換えたとしても、あくまで送り手の論理である。実際に視聴者が持っている受像機が受信しているデータを見ないと意味がない。受信する受像機があって初めて意味をなす。

同じように、テレビ広告の売り手の論理でできている指標だけでなく、買い手の論理で指標を見直す必要があるのではないか。その意味で、売り手市場だったテレビ広告も、送り手の指標から受け手の指標に変えていかざるを得ない。

テレビ番組の編成権は、とうにテレビ局から視聴者に移っている。タイムシフト視聴は当たり前で、多くのドラマはリアルタイム視聴より録画再生のほうが多い。逆に言えば、録画してまで視聴されているドラマは「視聴質」が高い。つけっぱなしで「ながら視聴」されている番組と、録画再生されるドラマでは見られ方の実態は違うのに、今は視聴率しか判断材料がなく、質的な評価ができない。

だからデータも、放送してテレビがついている状態だけを測定するものではなく、視聴者がどのくらい注視しているかや、録画率や録画再生率、CMスキップ率などを調べて、受け手の実態を表す指標にする必要がある。

しかも、ネットフリックスやアマゾンプライムビデオ、huluが登録者を増やしているように、オン・デマンド型視聴にテレビモニターは占有されていくだろう。そうなると、どう見ているかという視聴態度の違い（受け手サイドのデータ）がもっともっと重要になるのだ。

これからの人口動態に対応するために

人口動態よりも高齢化が早いテレビ

前述の一三歳〜二九歳男性をターゲットとするブランドが実際にテレビスポットを打った事例では、ターゲットには二〇回に一回しかCMが当たらない。しかし、そもそもこの一三〜二九歳男性（同世代女性も同じ）の人口比率は一〇%を切っている。仮に全世代の視聴時間がほぼ同じで、CMの到達率が高齢層も若年層も同じだとしても、一〇回に一回しかターゲットには当たらない勘定だ。その上で、高齢層の視聴時間が極端に長く、若年層の視聴時間が短いので、効率はその半分になってしまう。

テレビ視聴者は人口動態よりも高齢化が進んでいて、さらにバイアスがかかる結果を生んでいる。こうなると、コンドロイチンを売るには最適なメディアであっても、ことターゲットが三〇代くらいまでだと、対応策を考えなければならない。

問題は、「高齢層には過度に当たり、若年層には極めて当たらない」ということだ。テレビ局は世帯視聴率でスポット広告を売っている。また、同じく世帯視聴率で番組を評価させている。それゆえ、人口が多く視聴時間の長い高齢層に見てもらえる番組づくりに偏重する。ここは、ターゲットが高齢層ではないブランドの広告主がテレビ局に対して、番組のターゲット設定や、個人視聴率で番組を評価することを申し入れていく必要があるのではないかと思う。

さらに言えるのは、高齢層の視聴時間が長いということは、その視聴質は決して高くないということだ。当然ながら、長い時間テレビをつけている人は、その分視聴の質が低い。そうした質も含めて、テレビ番組やCMの評価をすることで、テレビはもっとよくなるはずである。

テレビとデジタルを組み合わせた指標の必要性

テレビとデジタルのリーチを統合する

ネット広告はパーソナルメディアであり、表示される画像や映像は基本的にほぼ注視されているので、ビューアビリティ［注2］を測れば、一定の視聴質を把握できる。一方のテレビCMは従来、ビューアビリティもアテンションも測定できなかったので、テレビがついている状態を示す視聴率でしか計算できなかった。テレビCMの視聴質を測って、しっかり評価し、デジタル広告のビューアビリティも計測すると、それぞれの到達実態をかなり正確に測定できることになる。

パソコンやスマホの場合は、ユーザーは画面を注視しているが、広告が目に入る状態にあるかを測定する必要があった。逆にテレビは、画面には映っているが、視聴者がテレビの前にいるか、ちゃんと画面を注視しているかを測定する必要があった。

この両方が測定できて指標化できると、次の段階に進む。

ここまで行くと、各々のインプレッション一回あたりの認知や、態度変容などの価値を評価することができ、テレビとデジタルを組み合わせた効果を指標化できる可能性が出てくる。まずはテレビとデジタルを組み合わせての「統合リーチ評価」が登場し、それから両軸での認知効果の最大化を目指す方向へと進むだろう。

テレビCMとデジタル広告のインプレッションあたりの認知効果は、「テレビCMを一とすると、「デジタル動画が〇・九」とか、「テレビCMを一とすると、デジタル動画は一・二」のような指標化が考えられる。また、両方に接触したときの認知効果もわかる。テレビだけ当たった人、テレビとデジタル両方当たった人、デジタルだけ当たった人のそれぞれのフリークエンシーをもとに認知や態度変容の調査をかけると、ブランディング効果をかなり把握できる。当然、接触していない人と比較し、どのくらい効果が上昇したか評価することも必要だ。

［注2］：実際にユーザーが閲覧できる状態にあったインプレッションのこと

デジタルとテレビを競争させない

テレビだけでは到達しにくい層が確実にあり、テレビだけでなんとか広告認知は取れても、ブランドメッセージの認知や購入意向まで至らないという課題は、デジタルを組み合わせて解決できる。その手法の確立に向けて、右記のような指標づくりと測定管理が必須になるだろう。特に、テレビCMだけでは購入意向を獲得しづらい商品カテゴリーは非常に多い。ここに対して、デジタル広告のターゲティング配信やクリエイティブ特化で対応することが考えられる。

当面、デジタルはテレビと競争させるのではなく、テレビの到達力を上手に補完するものとして考えるべきだろう。というのも、テレビの三〇〇〜四〇〇GRPくらいまでの到達効率（初速）は、ほかのどんなメディアもまったくかなわない。ただし前述のように、ことターゲットが若年層だと、ターゲットリーチ効率はすぐに頭打ちになる。

ゼロから競争させるとテレビのスタートダッシュは断然速いが、テレビだけで一定以上のターゲットリーチを取るか、それともテレビとデジタルの組み合わせで取るかとなると、後者にメリットが大きい［図2－3］。

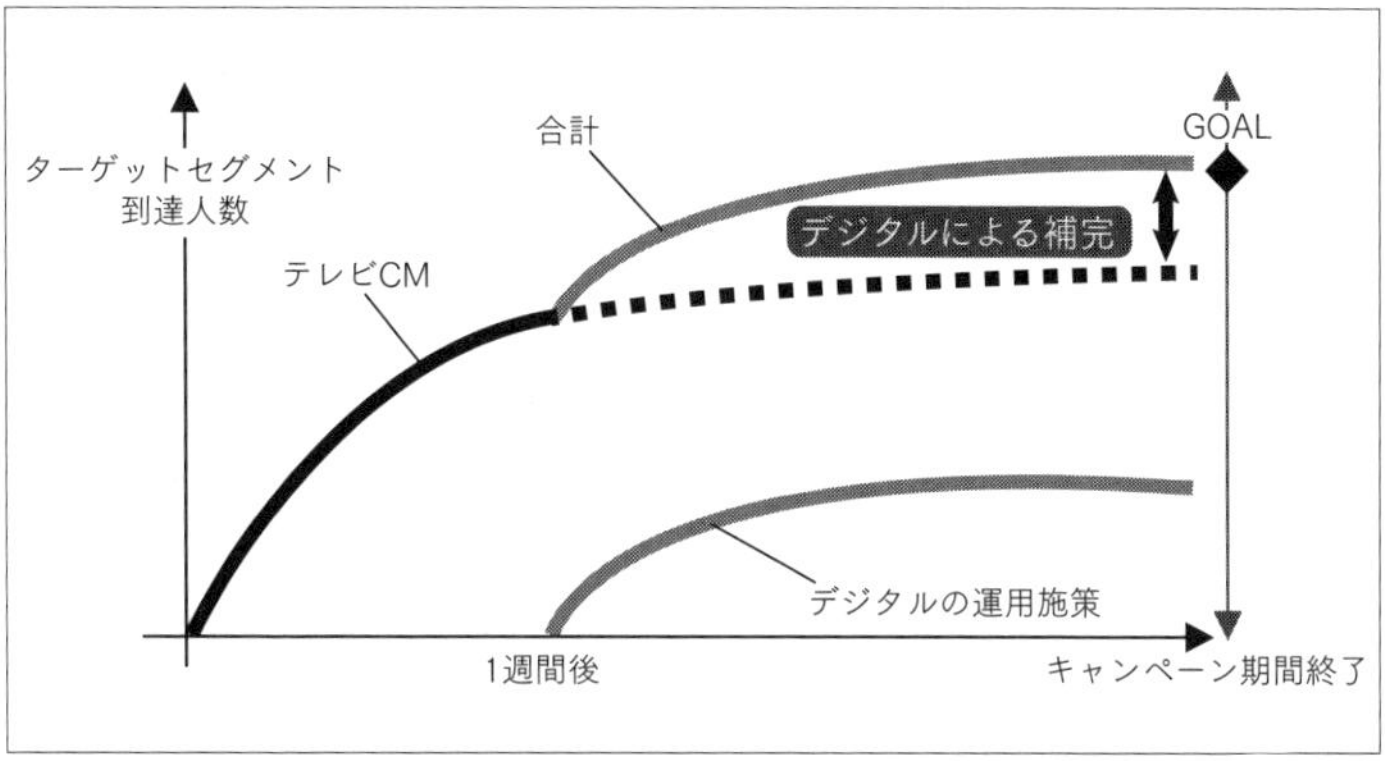

図 2−3 ターゲットリーチ効率のイメージ

現場から業界を変えていく

従来、テレビ広告を主に活用してきた宣伝部員が、今後テレビを基軸としながらもデジタルをどう組み合わせて、テレビCMによるブランディング効果を最大化するかを思考しないといけない。

それには、まずテレビとデジタルの統合リーチを把握し、それぞれの適正フリークエンシー接触者の最大化（過少フリークエンシーのデジタル補完、フリークエンシー過多の補正）を行って、広告認知の最適化を進めるべきだろう。そして最後に、テレビCMとは別のクリエイティブ素材をデジタル動画広告で開発し、テレビCMとの相乗効果（ある種の化学反応）で購入意向を促す効果を追求したい。

改めて言うが、こうしたことは今テレビCMを発注している宣伝部員、ＣＭクリエイティブを制作する宣伝部員が主体になっていかないとできないことだ。デジタル専門部隊には、「デジタルのブランディング活用」は難しいことを再度認識してほしい。

Ⅱ

注目量でわかるCM効果

大橋 聡史［著］

第3章

はっきり見えた性別と世代の壁

視聴スタイルを分ける「能力」と「感性」

ターゲットのアテンション傾向を把握する

見続けるシニア層、目移りする若年層

一五秒のテレビCMの視聴質データで、毎秒のAI値（アテンション・インデックス＝画面注視率）に注目していると、シンプルな傾向に気が付く。シニア層に近づくほどAI値が高く、しかも最初の一秒から最後の一五秒まで、フラットに高さを維持していることが多い。一方の若年層はというと、毎秒の上下が大きく、安定していないことが多い。

もう少し詳しく見ていくと、四〇代以上の層では、より女性において「テレビをじっと見続ける傾向」が強くなる。三〇代までは逆に男性のほうが高い。毎秒の上下の大きさが特に顕著なのは、二〇代の女性や一〇代の男女である。テレビを通じたユーザーとのコミュニケーションを考える場合、まずこうした傾向が一般的に見られることについて、基本的

なインサイトとして理解しておくことが必要だ。

こうしたアテンションの現れ方の違いは、同じ刺激や同じ話法がすべてのユーザーに通用しないことを示している。つまり、ターゲットのアテンション傾向を知ったうえで、そこに刺さる有効なCMを設計しないと、望ましいコミュニケーション効果を生まないことを意味している。

生活行動による違い

こうした世代や性別でのアテンションの違いを生み出している背景には、次のようないくつかの要因が考えられる。

一概には言えないが、まずシンプルに観察できることとして、家庭内の生活行動とテレビ視聴の質、すなわちアテンションの質と関係があるだろう。

たとえば、家庭にいる時間が長い女性の場合には、原則的には広い時間帯でテレビ視聴が可能だ。しかし子育てステージにいる場合とそうでない場合で、こなさなければならない家事ボリュームに差があるため、生活行動が違うことは容易に想像できる。女性の年齢層が高くなるにつれて、テレビをじっと見続ける傾向が高くなるという変化には、こうした生活行動との関係が少なからずあると思われる。

次の二つ目の要因とも関係するが、テレビの前のユーザーの状態を想起したときに、スマートフォンやタブレット、あるいはＰＣを使いながらという、マルチスクリーン状態でのテレビ視聴も、まさしくテレビ画面への注視動向を大きく左右する生活行動だ。

家事や身の回りの雑事に注意を払わざるを得ない属性なのか、デジタル機器を同時に使うマルチタスク習慣を持った属性なのか。時間帯や家族構成、デジタル機器使用状況などの付帯情報を総合すれば、テレビの見方に対するペルソナ分類も一定程度可能だろう。

スマホネイティブの台頭

スマホによって情報処理能力が向上

二〇代女性、一〇代の男女が示すＡＩ値の特徴的な上下動を読み解くには、別の因子も考えてみたい。自分の興味関心の対象でさえ、一五秒間注視を続けないような実態を読み解くには、新たな特性を引き出す必要がある。

スマートフォンが広く普及したのはここ数年のことだが、今このスマートフォンの利用がもたらす、人の集中力、集中時間の変化がさまざまな調査や研究で指摘され始めている。要は、非常に短い時間で複数の情報を処理して取捨選択する能力が、スマホ依存度の高い人ほど磨かれているということだ。

たとえばニュース系アプリでは、短いキャプションや写真を、段積みではなく「違い棚」のように分割して配置することで、一度に見ることができる画面内の情報数を増やしたりしている。これは、記事に目を留めるチャンスを増やすという送り手の意図のみならず、見る側のユーザーの「サクサクと短時間で多くの情報に目を通してしまいたい」という欲求があるからにほかならない。

一秒で判断されるコンテンツ

フェイスブック発表のデータ〔注1〕によると、一つのコンテンツに費やす時間は、デスクトップが二・五秒なのに対して、スマートフォンでは一・七秒に短縮される。一秒そこそこで不必要と判断されたコンテンツは、指先の動きで瞬時に視界から消えていくということになる。

これを、スマホを使っている間じゅう、ずっと続けている。［図3－1］に示されているように、まさに、一〇代の男女と二〇代の女性は、一日に三時間以上もスマホを使っている世代なのだ。このスピード感、情報処理のスタイルが、テレビの一五秒の見方を別の次元に変えてしまっていることを、我々は知っておく必要がある。

［注1］：facebook business「モバイルフィードで訴求力のある動画を作るには」URL https://www.facebook.com/business/learn/facebook-creative-tips-for-mobile-videos-ads

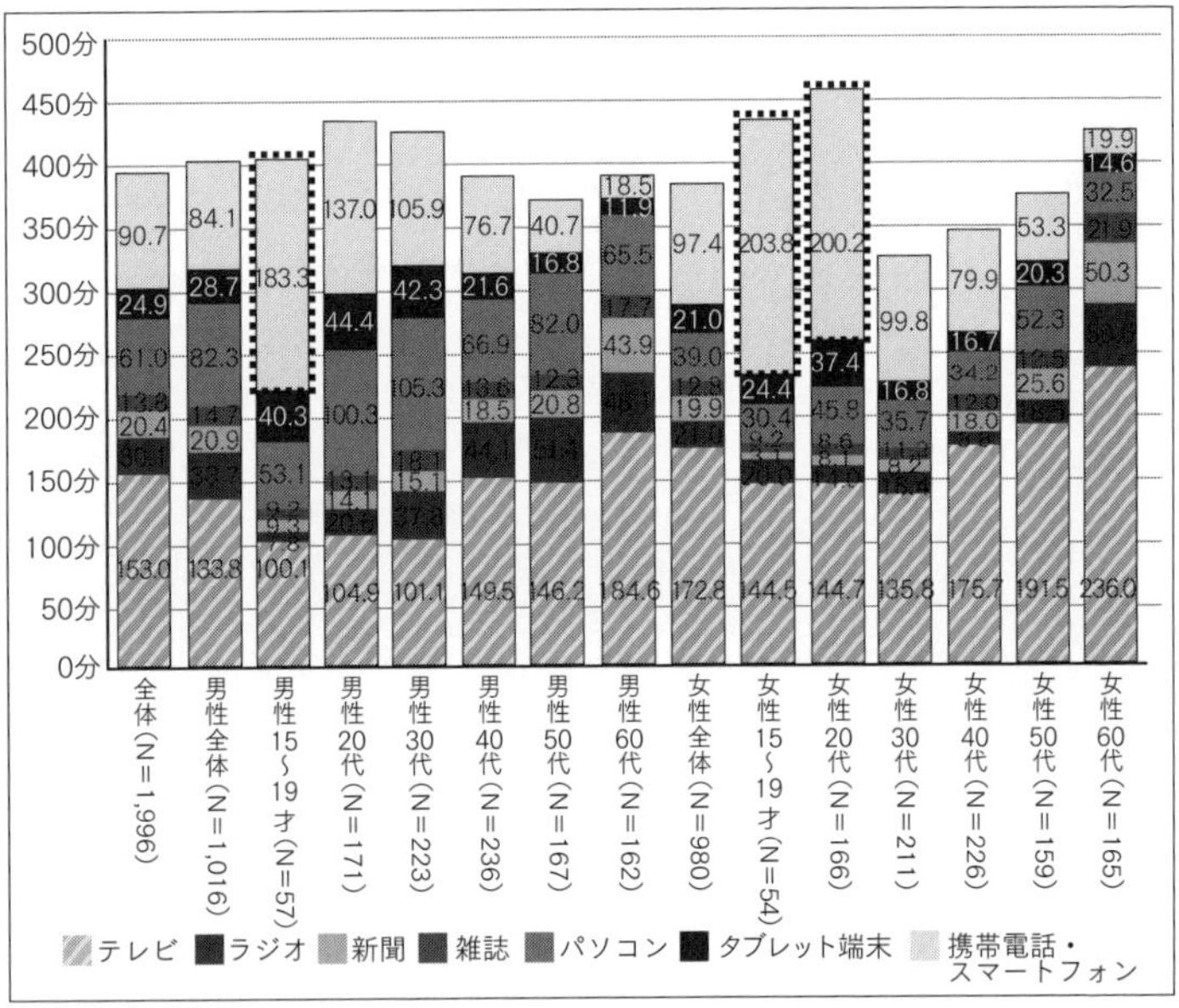

図3－1 メディア総接触時間の性年代別比較（1日あたり、週平均、2016年、東京地区）
（引用元：博報堂メディアパートナーズメディア環境研究所による発表）

集中が続かない現代人

短くなったアテンション・スパン

ヒトは金魚より集中が短い

「スマホネイティブ」といってもいいような、この現代人の情報摂取の特性は、世界中で共通して起こっているようだ。カナダのマイクロソフトの「アテンション・スパン（集中時間）」に関するリサーチが、この変化を捉えている［注2］。

二〇〇〇年に一二秒だったヒトの集中時間は、二〇一三年には八秒に縮まった。これは金魚の集中時間の九秒を下回る。そんなある研究機関のデータの引用から始まるこのレポートでは、マルチスクリーン習慣（テレビを見ながらスマホを操作するなど）や、ソーシャルメディア依存などの度合いが高い人ほど、一つのタスクへの集中時間が短くなることが検証されている。

さらに興味深いのは、脳科学的な分析で見ると、ソーシャルメディア依存度の高い人ほど、非常に短い時間（三秒）において特異的に「高い集中」が見られることを明らかにしたことだ［図３－２］。

先ほど挙げた一・七秒という短い時間に、脳内ではニューロンとシナプスの「強い発火」が起こっているということだろうか。時間が短いほどそうした特徴は顕著に表れる。

［注２］：Attention Spans Consumer Insights, Microsoft Canada (Spring 2015)
URL https://advertising.microsoft.com/en/WWDocs/User/display/cl/researchreport/31966/en/microsoft-attention-spans-research-report.pdf

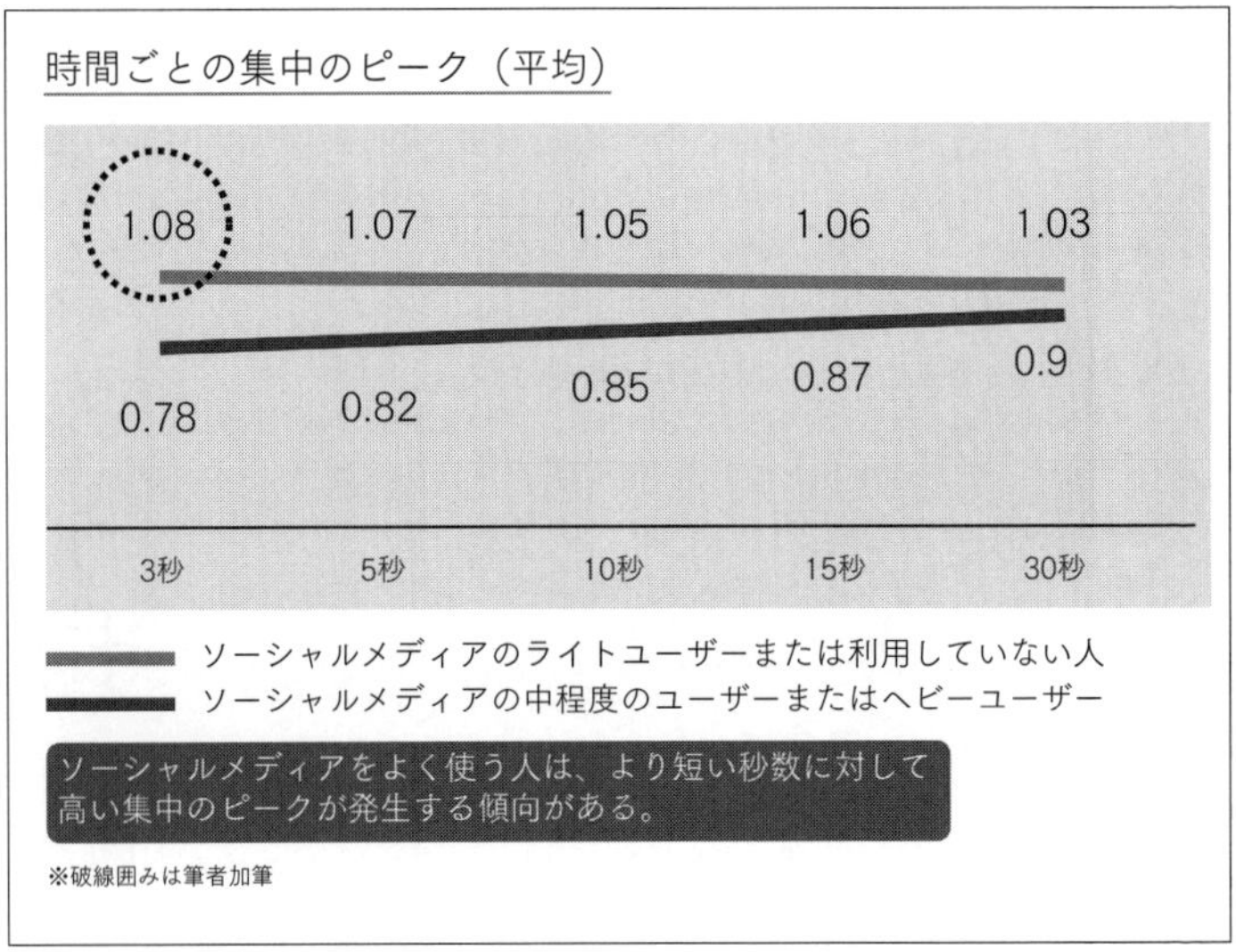

図3－2　アテンション・スパンの秒数（マイクロソフト カナダの発表をもとに作成）

「ながら視聴」でも伝わっている

逆に、このようなタイプの人にテレビを見てもらう、つまり完全に受動的な状態で情報に触れさせると、まるで集中できないことが明らかにされている［図3―3下段左の比較］。

そもそも、デジタル依存度の高い人は、テレビよりも、いわゆるデジタルスクリーンに高い集中力を向け、そこで得られるマルチな情報を高度に処理することに長けている［図3―3上段］。

ただし、ここで注目すべき指摘は、テレビに集中してないにもかかわらず、情報はしっかりと脳内で処理されて記憶されているということだ［図3―3下段右の比較］。

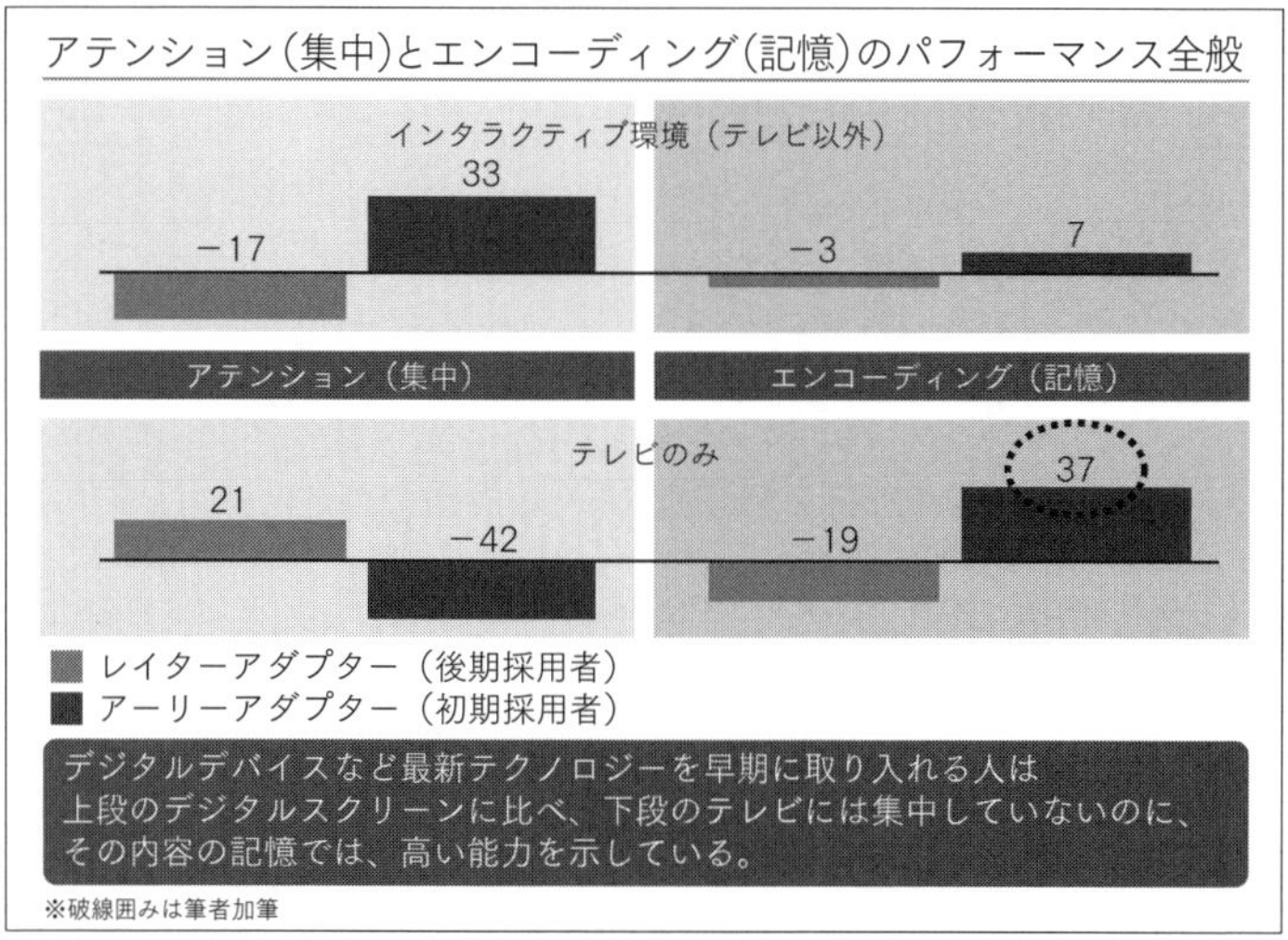

図3―3　テレビ画面に集中していなくても記憶に留められる
（マイクロソフト カナダの発表をもとに作成）

つまり、デジタル依存度の高い現代のスマホネイティブな若年層は、スマホを片手に「ながら視聴」をしているが、その内容を実はちゃっかりつかんでしまっている、ということを示している。

「More with less」というのか、少ない入力状態でも、瞬間的な集中力の発火で物事をつかんでしまう。こういう情報処理が、新しい世代特有の進化あるいは適応型のようだ。

音読のメディアと速読のメディア

速読のようなスマホ

読書においては、音読と速読の違いがある。記述された文字を一文字ずつ追う音読に対して、速読の「読み方」と「スピード」はまるで違うが、内容の理解や把握の面では、同等以上の成果を出すともいわれる。

スマホはいわば速読のメディアだと言えるのではないか。およそ手のひら大の画面全体を視野に入れ、同時並行的に複数のコンテンツを見て、見るべきものを選び出す。なければスクロールして次々にコンテンツを処理していく。一つひとつをいちいち読み解くような時間のかけ方をしていないという感覚はあるはずだ。

ほんのわずかな、ミリ秒の時間差でも気になるくらいの、研ぎ澄まされた反射速度で、スマホを操作し膨大なコンテンツの概要をスキャンしていく。スマホの高性能化と人間の反射速度は、行きつくところまでいってしまったのではないだろうか。

そんな高速の情報処理にもかかわらず、何時間もスマホに向かい続けることができるのは、実はそうしたプロセスを比較的リラックスした状態で行えているからだ。

歩きスマホの問題はたびたび指摘されているが、逆から見ると、スマホを操作しながらでも、ある程度周囲の状況を音の変化や視野の周辺部で捉えながら歩いて移動することも可能なくらいの「中間的な集中力」を長く維持することに長けていると言える。

これは、「スマホを操作しながらテレビを見る」という行動が可能だということにもなり、アテンションのデータにもそうした能力が示されている（詳しくは第四章で述べる）。

テレビのスピードの限界

一方のテレビは、まったくもって音読のスピードで時間が流れるメディアだ。確かに番組よりはCMのほうが展開スピードは速くなりがちで、映画の予告編ばりにたくさんのシーンを矢継ぎ早に重ねていく編集方法もある。それでも音読のスピードを超えるような表現はテレビメディアには合致しない。受動的に見ている人たちに対して、大量の情報を圧縮して浴びせるのは暴力的とも言え、限界がある。テレビにはテレビの時間感覚があるということだ。

テレビ視聴において、自分が積極的に見たいコンテンツでなければ、スマホネイティブは情報処理の時間感覚をテレビに合わせることはしてくれないだろう。一五秒のCMにしても、興味のない番組にしても、彼らからしたら冗長すぎて生理的に合わないフォーマットなのだろう。

CMの時間短縮の試み

最近、米国でペプシによるミレニアル世代に向けた五秒CMキャンペーンが放映された。五秒以上の尺は、アテンション・スパンの短縮が進むこの時代の若者には、もはや適さないと判断したからだ。たとえば五秒のCMを考えたときに、自社商品の優位性を説得するようなプロットは成立するだろうか。あるいは、深い感情の起伏を呼び起こすようなストー

図3―4　ペプシの5秒CM（YouTube PEPSIチャンネルより）
URL https://www.youtube.com/watch?v=sgO-68zdcz4

リーが求められるだろうか。

　ペプシは、その商品性もあるだろうが、新作のEMOJI（絵文字）ボトルをモチーフに、手抜き感たっぷりの実に他愛のないシーンと、耳残りのする効果音だけで勝負している［図3―4］。

　短い尺で勝負するクリエイティブは、これまでも多くの実験的な試みがあった。しかし、ターゲットの集中時間の変化に着目してこうしたキャンペーンを行ったのは、近未来を示唆するようでおもしろい事例だと言える。つまり、広告というものにまつわる過剰で冗長な部分をすっかり削ぎ落としてしまったほうが、効果がてきめんに上がるよ、という挑戦だ。

このように、尺を短くして全体を一つのイメージやブランドとして一口で飲み込んでもらう方法以外にも、一五秒のどこを切り取ってもブランドのある種のアイコンとして機能するようなＣＭの作り方ができれば、スマホネイティブへの対策として有効かもしれない。この辺については、第五章で詳しく述べる。

いずれにしても、スマホネイティブ世代のコンテンツや広告に対する態度は、メディアも広告主も一層研究していかなければならないだろう。

テレビネイティブなら集中しているのか？

一方、そのスマホネイティブに対して、オンエアのテレビ放送で次々に流れてくる番組やＣＭを受容して見続けるテレビネイティブな層は、ＡＩ値を見るとＣＭもしっかり視聴してくれている。テレビを広告メディアとして支えてくれる存在だ。

しかし、テレビを注視することが単に習慣化しているのだとすると、その内容が感情や記憶に深く刺さっているのかを検証するには、たとえば脳科学的な測定をするなどの踏み込んだ分析が必要だとも言える。特に刺さっていないCMでも、目を離さずに見続けていることが考えられるからだ。

ただし、注視度の高さと持続性は、データを見る限り五〇代以上、特に六〇代で顕著な傾向があるので、自社のマーケティングのターゲットがこの世代を中心にしていなければ、うがった見方でことさら掘り下げる必要もないだろう。

決定的な違いがある男女の差

実測データから見る男女差

さて、アテンションの違いを生む要因として、生活行動の特性、デジタル依存度による集中力の質の変化を挙げてきたが、実はもう一つの視点がある。

それは、男女の差だ。性別による違いはあちこちで語られるが、脳科学のレベルから社会的な文脈によるものまで、さまざまな角度を含んでおり、その研究や説の真偽にもいろいろなレベルが混在している。

ここでは、実際に測定したデータを読み解き、ＣＭに対する男女のアテンション傾向の違いを説明する。その作業に適合する便利で実用的な知見を活用しながら、読者の理解のしやすさを優先して話を進めていきたい。いくつかの事例をもとに、男女差の特徴を浮かび上がらせていこう（男女差を意識したクリエイティブについては、第八章を参照）。

「具体的」が好きな男性

男性に解釈の余地はいらない？

これは、ある一五秒ＣＭの前半で描かれる、三秒ほどの一連のデモンストレーションのシーンである。

（例）食品メーカーのＣＭ

プロット：
女性タレントが登場し、商品を取り出し調理して味わうというシンプルなもの。

カット：
1．パッケージカット。
2．手がパッケージに伸びて……
3．パッケージに書かれた調理法に目をやるタレント……

４．器に商品を入れ、かき混ぜる……
５．口に運ぶ……

男性は、この手の具体的な説明や段取りのシーンで高いアテンションを示す。一方の女性は、こうした広告的な説明のパートでは、アテンションが落ち続ける。

実は、このような傾向は商品のジャンルにかかわらず多くの場合で見られる男女差だ。男性の、「具体的で記述的」な情報に対する反応は、パッケージや手順のほか、キャプションのような文字要素、成分や処方などのユニークな固有名詞、ターゲットを特定する具体的な年齢や属性など、事実ベースで解釈の余地がない端的な情報に対して、共通して見られるものだ。

男性の注目を集める要素

ほかにも男性の特徴として、あるドラマ性の高いＣＭでは、

●冒頭のタイトル

- 爆発のシーン
- 商品キャッチフレーズ
- 商品カット

といった「読みやすい」要素でＡＩ値が高い。しかし、演者の表情や心象的なシーンなどのように、「解釈や共感」を求められるような複雑でニュアンスを含んだ表現には反応していない。女性と反応が分かれる部分だ。

さらに、画面情報だけでなく、耳から入ってくるナレーションや、会話のやり取りなどの音声が加わると、より段取りや説明を追随してくれる。男性は、ガイドに対して従順なのだ。

若年男性は広告が嫌い？

ただし、この男性の付き合いのよさも、一〇代まで行くと若干様相が変わる。パッケージカットなどの直接的な「広告的」要素では、反射的に目線を外してしまうようなケースが多い。スマホネイティブらしい反射神経と言えようか。

　また、ある事例では二〇代のおもしろい傾向が見られた。男性向けトイレタリー商品の競合のCMを比較してみると、両方とも冒頭に問題提起があり、次に商品の優れた機能をアピールし、最後に問題解決に至るというプロットで、メッセージの構造や要素は、ほぼ同内容である。しかし、視聴者に対するアプローチが異なっていた。

　具体的には、一方は王道的なストレートトークで、タレントがカメラ目線で視聴者に呼びかけ、強烈に自社の商品のアピールを繰り出してくる。もう一方は、同様の内容を二人の登場人物のやり取りの中で、セリフに織り込んでキャッチボールする。このCMに対する反応に、なぜか二〇代で大きな差がついた。後者へのアテンションが非常に高かったのだ。

　これと同じ傾向は、若者同士のシュールな会話を描いたまったく別のカテゴリーのCMでも見られ、この世代の感性の特徴を示している。同世代の登場人物たちが、軽妙で「仲間ノリ」な会話をするという情景を第三者的に眺めるというアプローチが、二〇代男性の仲間意識を刺激している可能性がある。

　カメラ目線のストレートな広告訴求は、嫌悪感さえ生じさせてしまうのかもしれない。

バズ動画ブームは男性中心

テレビから少し話が逸れるが、オンラインの広告動画の世界では、二〇一四年の忍者女子高生などを皮切りに、バズ動画ブームが一気に過熱した。露出させるための広告費を使わなくても、メディアが取り上げてユーザーが拡散してくれてヒットすれば、数百万再生を短時間で獲得できるという、ちょっと夢のあるエンターテインメントビジネスのような取り組みが、多くの広告主と制作者を魅了した。

しかし往々にして、ヒットする動画と、それを拡散・シェアして盛り上がるユーザーは男性が多かった。アイデアを凝らして作り込んだもの、感動を呼ぶストーリー、アッと驚く瞬間。そういうものを嬉々として受け入れ、みんなで盛り上がりやすいのは男性だ。

一方女性は、そもそも広告というものから作為や戦略を嗅ぎ取るのか、火がついて拡散されるという現象を広告コンテンツで起こすことは容易ではない。筆者も、バズ動画ブームの中でさまざまな案件の企画に関わったが、女性ターゲットの案件ではこうしたユーザーインサイトの理解を巡って苦労をしたものだ。

動画系メディアの台頭

スマホのフィードを埋め尽くす動画

バズ動画ブームには、ある世界的なクリエイターもこんな言葉を漏らしたという。

「俺たちは、子猫の動画と戦い続けなければならないのか……」

作為のない、奇跡の瞬間に勝る広告動画なんてあるもんか、と言いたくもなるわけだ。広告にそこを求めるのは違うでしょう、と。

今は企業のバズ動画ブームは落ち着いたように見えるが、代わりに最近のスマホのフィードには、動画系メディアの短く編集された動画が次々に侵食してきている。ニュース系、ネタ系、動物系などなど。

洗練されてきたスマホ動画

このような動画の画面構成を注目して見てほしい。さまざまなトライ&エラーを繰り返し、急速に洗練されてきている。音声に頼らないつくりにしていることもあるが、テキスト（文字）の使い方に特徴があることに気が付くだろう。短く断片化された文章が、すばやい動きで画面に踊り、次々に展開していく。

その動きでユーザーの視線をコントロールし、テキストの内容が伝えたいことをガイドしていく。こうしたニュース系に特徴的なテキスト使いは、きっと男性をうまくキャッチするのではないだろうか。

逆に女性向けのものを挙げると、レシピやメイクアップなどのハウツー動画、インスタグラムのようなビジュアルコミュニケーションが支持されている。こうした観察からも、男性向けと女性向けの違いを体感することができるだろう。

自然体を好む女性

話をテレビCMに戻そう。女性の反応にもやはり明確な傾向は見て取れる。

まず、同性つまり女性の登場人物に感情移入し、CMで描かれる世界観や、その人物の感情の抑揚に同調するような反応が見られる。

ここで、登場人物と同調するという点は重要で、ビジュアル的に構築されたフォトジェニックな描き方というよりも、自然体で、その人物の生の感情や生活を感じるような描き方に、とりわけ反応が高いようだ。逆に、女性の素のままを描くような演出では、男性の反応は低くなり、感じ方の男女差がよく表れる。

前述の食品メーカーのＣＭでは、冒頭に若い女性タレントの素のままの振る舞いが描かれ、冒頭のアイキャッチとなっているが、女性はアテンションが高く、男性は低いという反応が表れる。しかし続くシーンが商品のデモになることで、両者の反応は逆転してしまうわけだ。

女性主人公のＣＭは多数ある。そのキャスティングと描き方には、さまざまな狙いと願いが込められていると思う。しかし現実として、多くの場合でその制作プロセスは男性中心に行われ、判断されていないだろうか。

女性が反応し同調する表現のキーが何であるか、それは男性が反応する客観的な事実と違い、もっとリアルな感情の発露のようなものであることを、男性は知っておいたほうがいいだろう。ＡＩ値はそれを指し示してくれる。

同性への同調とタレント

女性はイケメンに注目するのでは？という先入観がある。同性への反応と比べると顕著ではないにせよ、確かにあるにはある。しかし、当然ながらそれは同調とは違い、容貌や表情、ある種の物語（そのタレントにまつわる記憶やイメージ）を感じ取ろうとする、鑑賞物としての反応に近い。つまり、そのタレントの姿や顔のアップに瞬発的に反応するだけで、男性の女性タレントに対する反応でも同様に表れる対象物への反応に過ぎない。異性への反応については、どうやら男女差を生むわけではなさそうだ。

しかし、同性への同調に関しては、女性に見られるほどの強さを男性では見ることができない。女性が同性の登場人物と感情がシンクロした場合には、上下はあれど、全編にわたって一定の注目を保っていく強い結び付きを示すケースが多い。

タレントのキャスティングは、日本のテレビCMの王道的なスタイルで、CMに注目してもらうための一つのフックになっている。女性がターゲットのCMにおける女性タレントのポテンシャルは、ここまでに指摘した通りで、深くターゲットと同調するために重要な役割を持つ。商品のターゲット世代に合ったキャスティングと演出がうまく決まると、その世代の反応が非常に高くなるという正攻法の事例は、データにも多く見ることができる。

しかし反面、それが自分の世代や感性と関連性がない場合は、スコアは平均を下回ることもある。ある三〇代女性向け商品では、子育てシーンをモチーフにしたことで、該当世代では非常に高い反応を示しているのに、他世代では大きく平均すら下回るというようなケースもある。

女性の共感力、CMへの同調を引き出すのは、女性とのコミュニケーションでは重要な観点だが、感度が高いゆえ、キャスティングと演出には細心の注意が必要だと言える。

男女差の俗説は正しいか

理性と情緒

こうして男女の反応差を比較していると、よくいわれる「理性的な情報処理」と「情緒的な共感力」の二つに男女の反応が分かれているように見える。

M1F1層のそれぞれで、高い注目を集めたCMの特徴を集めてみると、確かにある傾向のようなものが浮かび上がってくる。

M1層の注目を集めるCMの特徴

- 企業広告的な表現。メッセージ色の強いもの、技術的優位点をモチーフにしたものなど
- 時事性やニュース性を含んでいて、今の動き、流行り、現象を知るために役立つもの
- 話題の人物が登場するもの

●商品やサービスの説明やデモンストレーションをしたもの

いずれにしても、伝えたい意図と内容が中心にあり、それを伝えるために人物や設定、コピーが用いられている、ある意味で広告的なつくりのものが多く見られる。

F１層の注目を集めるCMの特徴

●女性が主人公で、感情を解放しているような情緒的な表現のもの
●元気でハッピーな印象を与えるもの
●じんわりと、しっとりとした印象を与えるもの

さまざまな色合いはあるが、つまり自分との関与度が見出され、共感しやすいエモーショナルな表現を受け止め、注視しているわけだ。少なくともこのM１とF１の二つの層で、男女双方が共通して高い注目を集めるCMというのは、なかなか成立しないようだ。

マス幻想の終わりと広告の正解

マス幻想の終わり

国民のメディア行動の中心にあるテレビ

テレビが国民的メディアであることは、ほかと比較しても揺らいでいないと思う。昨今のＮＨＫ朝ドラの高視聴率にも、ネットの波及力を得ながら、テレビコンテンツの視聴共有体験が増幅していくというパターンが見られる。

バズ動画の飛躍的な再生数の伸びにもテレビがほぼ例外なく絡んでくる。テレビは国民のメディア行動をレバレッジする軸なのだ。

すべての人の心が一緒に動く時代は終わった？

ＣＭがテレビを通して国民的に支持されるポジションを得ようとすることは、決して無謀なことだとは思わない。過去も現在も、万人に愛されるＣＭが生まれ続けていると信じているが、視聴者の目線で記録を取ると、誰もが一様に心を動かし、幸せな気分で見続けてくれるようなCMは、もはや理想像でしかないのかとも思えてくる。

視聴者の反応は、半ば無意識的・反射的な現象に見える。同じ映像、同じコンテンツに触れていても、属性ごとに特徴的な反応差が生まれているという事実を、最新の技術による計測は明らかにしてしまう。

声として上がってくる反応だけを見ていると、正しい全体像を見落としたり、見誤ったりしてしまうだろう。

しかし、ある種のマス幻想に対して、明晰な事実と評価が与えられることで、企業のマーケティングコミュニケーション活動においては、むしろ非常に有用で示唆に富む、客観的な科学への道が開かれたと考えることもできるはずだ。

広告の正解

広告として表現することの難しさ

カタチのないものを作る、というクリエイティブな作業には、何らかの到達点のイメージがつきまとう。物理的に積み上げて必ず完成するようなものではないからだ。

「こんな印象やインパクトを与えて、人々の反応を得たい。」

これは、広告主と制作者で共有する、制作物に込める一つの願いだ。広告の企画の立案や選定を巡って、こうした感情や感性に関わる部分を完全に排することはできない。しかし同時に、広告である以上は訴求点や見せなければならない要素がある。

表現に対する思いと、この必須要素（と決めているもの）を、バランスを取りながら定着させていくという芸当は、相当に複雑でトリッキーな作業でもある。この合意形成のプロセスは、個別の雰囲気や力学の中で行われるため、企業ごとに伝統や特色が出る場合や、どちらかの主張に偏るケースなど、何が正解か判断する軸がバラバラになっている。

その結果、肝心なターゲット視聴者に「まっすぐ届き、刺さるか」という議論は、つかみどころのないまま制作作業の中に埋没してしまうことも少なくない。

CMは「作ったら終わり」だった

相当な熱量を投じて制作されたにもかかわらず、CMが放映されたあとはどうなっていただろうか。「賽は投げられた」といわんばかりに、CMそのものの実効性の検証を行う手段は、いわゆる認知、好意、購買意向などの一般的な調査に委ねるくらいの方法論しかなかったのである。もちろん開発段階にも適用できるクリエイティブ調査もいくつかあるが、実際の生活空間で、つまり「素」の状態でいるときに、どのように見られるかというところまで推し量ることはできない。

被験者が調査目的で視聴したＣＭの評価は、相対的にノームなどとの比較で見る分には示唆を得られる。しかし、その人が「日常行動の中で、テレビに対してどのように向き合っているのか」という要素も加味していかないと、テレビ広告の正確な評価は得られない。

ＡＩ値でようやく見えた最適化への道

本書で解説するＡＩ値は、まさに家庭の日常におけるテレビ視聴の実態を明らかにしたもので、恣意的に答えさせた反応ではない。自然体での人々の反応を蓄積した記録だ。

生活行動。

スマホネイティブとテレビネイティブ。

男と女。

こうした因子が相まって、テレビの見方やCMの受け止め方にかなり明確な多様性が生まれている。

そしてこれらはある程度、分類することが可能で、その傾向を抽出することで、対応策というか、ターゲットに最適化するための観点も得られそうな可能性が見出せた。

アテンション傾向のまとめ

本章では、主に性別や年代による違いを軸に、実際のアテンション傾向を探った。

これまで、視聴者のテレビの見方について知ろうとすると、世帯および個人の視聴率やアンケート形式による回答、あるいは実際の家庭の状況をエスノグラフィー手法［注3］により観察、洞察することなどが限界だったが、本章で紹介したように、秒単位のAI値が属性ごとに分析できるようになったことで、想像以上にそれぞれが特徴を持っていることが明らかになってきた。

［注3］：エスノグラフィーは、文化人類学や社会学において集団の行動様式を調査する方法。マーケティングでは、消費者のありのままの言動や行動からヒントを得ること。

テレビネイティブ世代といえる四〇代以上に対して、幼少期の頃からスマートフォンを始めとするデジタルスクリーンに触れてきた世代では、メディアに対する接し方のみならず、その集中力や情報処理能力にも、旧世代との大きな差が生まれていることが、さまざまな研究で検証・指摘されている。

また、どちらかというとデジタル動画広告のジャンルのほうが先行している状況とも言えるが、新世代に機能するテレビCMを模索する動きも出てきている。

世代の差に加え、男女の違いについても、データは明確に示している。具体的な情報の提示を受けて、理性的な情報処理をしがちな男性。情緒的な共感力で反応する女性。

一般的にもそういう認識はあったが、それがデータとして確認できるようになると、もっと精度の高い判断が可能になる。特に、共感というデリケートな反応を設計するには、きめ細かなターゲットとのマッチングが必要なことがわかってくる。

ターゲットのアテンションの動向を正確に把握することは、広告を正しく機能させるために多くの示唆と知見を与えてくれる。

次章では、人の反応の根底にある「情報知覚」についての原理原則をもう少し整理するため、ニールセン ニューロによる無意識レベルの反応の解析を紹介する。また、それに

ＡＩ値を並べて検証するという試みを行ったので、そこから得られた「脳とアテンションの関係」を紐解いていく。

Ⅱ

注目量でわかるCM効果

大橋 聡史［著］

第4章

脳の注目スイッチを押せ

脳の働きをコントロールできるか？

脳波とアテンション

無意識の計測

自覚していないことを明らかにする

ニールセン ニューロが提供しているCM分析調査は、脳科学の手法と知見を使ったものだ。グローバルで厳格に規定された取り決めに従い、脳波とアイトラッキング（視線追跡）により、CMに対する「無意識」の反応を計測している。

前章のAI値は、自宅のリビングにいるときの「素」の状態で、CMに向けられる「目線」を計測する。それに対しニューロの測定は、あらゆるノイズを遮断された計測室で、画面を直視する形でCMを見ることになる。

強制的にCMを見せているのだから、いわゆる調査バイアスがかかるのでは、と疑問を持たれるだろう。しかし、この手法のユニークな点は、計測して読み解いていくのが「無意識」のレベルの反応だということだ。

一般的にも知られるように、人間の意識は、脳活動あるいは心の活動のほんの一部でしかないとされている。わかりやすく言うと、ある程度言語化できるものが、我々の自覚できる意識の領域であり、無意識はまさに言語化できない領域だから、自分でも把握しようがない。その無意識の領域(潜在意識ともいう)は、意識の領域(顕在意識ともいう)よりもはるかに大きな活動をしているようだ。意識の領域は、全体の一〇%足らずといわれている。

通常の調査は、言語化された反応や、好き嫌い、知っている知らない、という概念化された部分でしか判断できない。しかし無意識の計測では、さまざまな種類の脳波の中から、CMの刺激によって変化する部分を取り出して反応を解析していく。

注目の質

被験者は対象であるCMを見ることを強いられているが、まず、この見ることにまつわる「注目の質」がわかる。

どういうことかというと、ふっと心を奪われて吸い込まれるように見入ってしまうような状態なのか、それとも授業中に黒板を見ているような感覚なのか、あるいは蛇などの危険な存在が目の前に現れたときのように、神経にテンションをかけて「注目」している状態なのかが判別できる。

言葉では自覚できない無意識のレベルで、実は嫌がっていたり、その逆に好ましく感じていたりすることが明らかになるわけだ。これを言語で聞き出したとしても、知らず知らず発言内容を吟味し取捨選択してしまって、本音は本人もわからないまま、自分の発言を信じてしまうケースは少なくない。

「いいね」と言っているのに実は好きじゃない、「好みじゃない」と言っているくせに本当は好きなど、人の発言があてにならないと思った経験は誰もがあるだろう。

CMにふさわしい注目の集め方

脳波から見える注目の質は、同じアテンションとしてAI値が示していることと横並びで考えるとおもしろい。

見ることに負荷がなく、気持ちよい状態をもたらす映像には目線が吸い込まれるが、見ることに負荷が伴い、なおかつ「快さ」が得られないものから目線を離したがるのは、人の自然な反応だ。これは、意識して判断するというよりも、それこそ無意識に反応しているだろう。いちいち自分の目線のやり場を意識して決定しているという感覚は、普段はないはずだ。

この観点で、AI値の上下を生んでいる映像を見ると、意図的に注目を集めようとする映像上の工夫が、必ずしも意図通りに働いていないケースを浮かび上がらせることになる。

調査結果を見ていくと、注目を集めようとして驚きの要素や画面の動き、文字や色のインパクトやコントラストなど、映像自体の刺激をあの手この手で高めても、それが注目とその維持に効果がないばかりか、逆に目線を外させるきっかけになってしまっていることに気付く。むしろ、静かで美しい風景の中で人がたたずんでいるような場面が、高いアテンションを得ていたりする。

テレビCMにふさわしい、心地よい集中や注目の集め方は、よく考えて設定する必要があるだろう。テレビネイティブは、ある意味で脱力した状態で受動的に見る。しかしスマホネイティブは、スマホとテレビを行き来するように見るから、テレビネイティブとは集中の時間も質も違う。

これには、ターゲットに合わせ細分化したプランニングで対応するしかないだろう。

感情の計測

脳波の話に戻すと、次に重要な指標が「感情」だ。

結局、理性や合理性よりも感情が人間を動かしているということは、行動経済学などでも言及されてきた、ある意味の真実だ。当然ＣＭの良し悪しも、この無意識の感情を引きつけたかどうかで決まる。

先ほどの「集中」も、負荷がかかるものは目線を外す圧力になると説明したが、負荷がかかりながらも感情的に高揚し、ポジティブになっていく表現が成立しないわけではない。そこに音楽が介在したりすると、映像自体の負荷や圧力が燃料となり、音楽が飲み込んでいくような現象が起こる。特に若い世代には、こうしたオーディオビジュアルな表現が効果的なことは、実感としても理解できるだろう。

この脳波計測における「感情」は、ポジティブとネガティブの幅の中に当てはめるものだが、ニールセンの方に聞くと、「近づきたくなるか、遠ざかりたくなるか」という感覚が最も近いと解説してくれた。

「好き嫌い」は批評的な意味合いを含む。つまり理性的に総合的な判断をしたとか、自分の立場やキャラクターを踏まえてスタンスを決定したというように、いろいろややこしい要素を含んでしまう。ところが、「近づく遠ざかる」は、もっと生理的で原始的な感覚を想起させる。「なんかいいな」という自然な体の反応こそが、私たちの無意識が教えてくれる、本音の声なのだろう。

記憶に残るものを探る

ニールセン ニューロの脳波計測には、もう一つの指標がある。「記憶」だ。記憶が感情と密接に結びついていることも、一般に知られている通りだ。感情を伴う記憶ほど、長期にわたって記憶されやすい。

脳波計測では、この記憶機能が情報の出し入れをしていることを読み取る。新しい記憶が格納される、あるいはすでにある記憶を引き出しているなどの脳内処理が、脳波の波として表れる。

感情がポジティブで、記憶の波も反応していると、そのCMはよいものとして記憶される対象になっていると考えられる。あるタレントに一目惚れして強く印象に残った。好きなタレントが出てきて微笑みかけられた。そんな場合には、感情と記憶が連動しながら活性化するわけだ。

一五秒という短い時間の中でも、「注目」「感情」「記憶」の三要素はめまぐるしく変化する。しかし、この三つの波形の変化とその相関性を読み解いていくと、どんな場面や要素でどんな作用が生じ、ＣＭ全体としてどのようなレベルで効果を得たかがわかる。

男女脳プロジェクト

我々のチームはこのほど、ＡＩ値の計測と、ニューロによる計測を、同じ素材に対して行うというプロジェクトを実施し、「男女脳プロジェクト」と名付けた。男性と女性の脳の違いについては第八章で具体的に紹介するが、本章では第三章の延長で、男女関係なく人の情報知覚に関してわかった点を整理して解説していきたい。

初めに、男女脳プロジェクトの分析手法を簡単に説明する。前述のように同じ素材に対して、ニューロで計測された結果と、ＡＩ値で計測された結果を並べるのだが、もう少し詳しく述べると次のような比較をした。

●ＣＭ表現に対して、脳波の成分とその時系列変化を見る（ニューロによる計測）
●視線の動きから、そのＣＭ表現に対する注視行動の時系列変化を見る（ＡＩ値の測定）

すると、当然といえば当然だが、一定の共通性があることがわかってくる。二つの異なる調査同士を並べ、その結果をまた分析するというメタ分析を行うことで、より一般性の高い、人の知覚の特徴と、ＣＭ視聴に関連する現象との関係を紐解くことができる。

しっかり見ているのか？ 〜左脳と視野の関係〜

一部しか使われない視野

プロジェクトの分析結果から、まずは人の視野角について考えてみよう。

視野角の範囲は、左右で二〇〇度ほど、上下で一三〇度くらいある。この広範な視野の使い方には個人差もあるようで、有能なサッカー選手が広いフィールドでプレイヤーの動きを俯瞰しているように把握しているという話でも、視野の使い方が奥深いことがわかる。

通常の生活をしている私たちは、実際には中心部分の狭い視野（この部分を中心視野という）の情報に頼っているように感じる。特に、集中して何かを見ているときは、周囲の視覚情報の入力がオフになったような感覚になる。いわゆる周りが見えてない状態で、中心部に神経を集めて没頭する。

先にも触れたが、歩きスマホでトラブルが起こるのは、その画面に対する没入度が高いゾーンに入っているとき、周囲の変化が目に（厳密には耳や皮膚感覚にも）入らずに、危機を察知できなかったケースだろう。没入度が一定に抑えられていれば、もっと視野も五感も働くはずだ。

ここで指摘したいのは、意識の集中度合いや、何かへの没入度合いで、視野の範囲は変わるということだ。実はこのことは、左右の脳の働きと連動している。左脳は、部分視と言われるディテールの読み取り能力を発揮する。だから、文字や記号、色など、概念と紐付く視覚要素の入力に長けている。

前章で指摘した、男性が文字などの情報に対して目を向けるという特性は、それにより左脳が活発に働き、頭の中で映像からの入力と記憶された概念を結びつけて、理解や認知の活動をしていることを示す。そうするとやはり、男性は左脳寄りの傾向が高いものなのだと腑に落ちる。

耳も音を取捨選択している

これは聴覚にも言えることだ。

音も、ほとんど常に私たちの周りを囲んでいる。視覚は目を閉じれば基本的に遮断されるが、音を厳密に遮断できる空間は、私たちの日常ではまずお目にかかれない。

たとえば鉄道の近くに住んでいる人が、いつの間にか電車の音で目覚めなくなったということは、よくある人間の適応だ。そればかりか、ほかの関係のない音をより分けて、聞きたい音や声だけを選び取るなどという芸当も、誰もが実践している。会議や講演など、どんなに音質のよい機器で録音しても、雑音が混じり合った不快な音に感じるのは、人間の耳のフィルター能力の高さを再認識させてくれる好例だ。

そんな聴覚の柔軟な能力は、視覚同様に人の集中力と連動して、勝手に感度調整をしてしまう。テレビに夢中になっている夫に話しかけても全然聞こえておらず、あきれる奥さん。これもまた世界共通の「あるある」シーンのようだ。

詳しくは後述するが、実際に音をきっかけにＣＭに注目を集めることもできる。

テレビと視野

人は中心視野に集中すると、それ以外の刺激をミュートして中心部の情報に没入する。そしてどうやらその傾向は、男性の行動によく表れるようだ。テレビの視聴状況を見ても、シニア以外の世代では男性のほうが高い注視率であることは前章でも紹介した。

近年画面が大型化した家庭用テレビは、一昔前に比べて部屋の空間に占める割合が増し、視野の中に占める面積も大きくなっている。テレビ画面との距離によっては、中心視野として処理できる範囲を超えて視野を占拠しているような場合もあるだろう。映画館で、図らずも前方の席しか空いていなかったときに、大画面を持て余してしまう状態に近い。

そのようなときに何が起こるかというと、画面全体を均質に受容することはあきらめ、動きや語りといったガイドに沿って対象部分を探し、視線で追う作業を続けることになる。ただし、視線の運動量が増えると疲れるので、やはり適正な距離を取る必要が出てくる。

さて、実際の家庭での大画面テレビでどのように伝わっているかを想像すると、画面の隅々まで視聴者が把握しているという実感はないだろう。

中心視野を意識した画面づくり

画面の情報量

ＣＭの表現の中で、画面構成の情報密度を考えると、最も情報量が少ない象徴的なやり方が、いわゆる「白バック」だろう。

スタジオでの撮影の場合は、水平な床と垂直な壁の区切りを消すために、面を湾曲させ床から壁までがスムーズな一連のつながりになった形状の空間を使う。照明で影を消し、白の輝度を上げると、何もないような空間に仕上がるわけだ。もちろん、簡単なデジタル加工で背景をなくすこともできる。

こうしたシンプルな空間に、人物や商品が置かれる。美術館やギャラリーのように、そのモチーフ、対象物だけに神経を集中してもらおうとする提示方法だ。

また、白バックではなく、黒の場合、赤の場合、あるいは金色の場合もある。色にまつわる心理的な反応や、文化的なコンテキストは、それ自体におもしろみがあり、実際にブランディングや広告表現で活用されているが、ここでは深堀りせずに話を進めたい。

情報量は増えがち

白バックに対して、画面に要素を盛り込んだ表現は千差万別ある。時間軸も加わると、放出される情報量は飛躍的に増大する。スタジオ撮影にしろ、ロケにしろ、CG加工にしろ、制作プロセスにおいて細部は重要視される。

「神は細部に宿る」というやつだ。

間違いなく、制作者は画面の隅々まで神経を行き届かせ、「広告という機能を持つ作品」を完成させる。制作者の狙いは、もちろん「隅々のディテールを視聴者に読み取って欲しい」というような意図ではなく、CM全体のトーン（印象や質感）を、整えて磨き上げるためである。そうした精緻な工程が、ひとかたまりのCMとしての質を支えると考えているからだ。

ただし、ここに視線の計測や、脳波の反応を重ねて考えてみると、「文字通り見られていない」あるいは「必ずしも作用していない」ことに気付く。場合によっては負荷となって、視線の離脱を招くこともある。白バックのように、視聴者に見てほしいものを明確にする画面構成に対して、画面情報の密度が高い場合の視線ガイドは、当然ブレを生む。

作品性か伝達効率か

先ほど、「広告という機能を持つ作品」という表現を使った。ここには含みがある。

広告表現には、それ自体が鑑賞に堪え得るような、ある種の作品性を持たせることで、伝達する力や心に響く力を持ち得るという捉え方がある。そしてもう一方で、たとえばピクトグラムやロゴのように、伝達機能と伝達効率を突き詰めて、誰がどんな見方をしても同一の意味やイメージが瞬時に伝わるようなものであるべき、という考え方があり、この二つが混在しているのだ。

前者の立場で、細部に神を宿らせるか。それとも後者の立場で、表現を削ぎ落とすか。AI値や脳波の計測により、目的や狙いに合致した表現なのかが判断できるようになったことを、まずは知っておくべきだろう。

ぼんやり見ているのか？～右脳と視野の関係～

しっかり見ていなくても認識できる

視野に関してもう一つ触れておきたいのが、周辺視野の使われ方だ。つまり、この議論は「作品性か伝達効率か」の二分法で語る単純化された話ではないのでは、ということだ。AI値とニューロをメタ分析したことで、そうした視点が次第に見えてきているのだ。

私たちは中心視野を駆使して、左脳的な情報処理をしているのと同時に、実は周辺からの情報もしっかりと認識している。視野の角度には触れたが、我々が意識している以上に視野は広く、その範囲にある映像情報は常に脳に送り込まれている。

全体像の把握は右脳の管轄

この中心以外の周辺部の視覚情報を含むざっくりとした全体像は、右脳で処理されているようだ。

中心部の緻密な情報処理とは性質が異なり、空間における座標や位置関係を捉えたり、運動による位置の変化や光の明滅などをつかんだりする能力が高い。また、暗いところでの感度は高いが、色覚や解像度は中心部よりも劣るという。

まっすぐに前を向き、目を動かさない状態で色のついたものを左右に動かすと、周辺部で色を感じにくくなることがわかるはずだ。サッカー選手のフィールドでの空間認識が、この周辺視野を右脳で処理した結果もたらされていることがわかる。

周辺視野を踏まえた画面構成

テレビ画面に正対していれば、画面の端でも視野をはみ出すことはないだろうが、中心と周辺の情報処理の違いは画面構成を考えるうえで示唆を与えてくれる。

中心部と周辺部は、（空間的に一致させたうえで）視野の中心に当てたい伝えるべき概念や意味内容と、それ以外の要素を、しっかり整理・区別したほうがよい。すなわち、オーソドックスなレイアウト方針が、やはり視覚の情報処理には向いているということだ。

画面中に複数のモチーフを主張させるような構成や、二分割などで空間自体をマルチ化する方法は、いたずらに脳を混乱させ、負荷を与えるばかりである。あまり斬新な画面構成では、注目度や印象度を高めるという意図はうまく機能しないわけだ。このようなレイアウトは、静止画である絵画や写真では成立したとしても、時間軸で流れるテレビには向かないと言える。

集中と散漫の切り替え

真剣に見始めるきっかけ

ところで、そもそもテレビを見るときに、私たちはどれほど真剣に見ているのかという点も押さえておかなければならない。とりわけCMにおいては、テレビ番組の概ね八割から九割の注視率になることが、AI値の計測からも見えている。

左脳で処理するような部分視は、むしろ刺激に応じて立ち現れるようなものとして捉えるのが現実的だ。デフォルトの状態では、人は基本的にボーッとテレビを眺めている。このときは右脳メインで広く全体を見ている状態に近いと思われる。

しかし、たとえば文字が現れたり、非常に具体的なアナウンスが聞こえたりするなどして、左脳へのサインがキャッチされると、中心視野が起動し、目で追い、耳でより分けて、対象部分をつかみ取ろうとする。こうした反応は、ある種の反射神経のように無意識のうちに視聴者の目を動かす。

実際にAI値の上下動を見ると、そうした左脳的処理を起動させるようなきっかけに対して、若い世代ほど敏感に視線を動かし、シニアになるほど眼球の運動は固定的になっていることが見て取れる。シニアは一度テレビに向けた目線が動かず、ポジティブかネガティブかを問わず、どんな刺激でも見続けがちであり、ヤングは刺激やモチーフ単位で引き込まれ、また瞬時に離脱していく。

ここでもスマホネイティブらしい情報処理能力が発揮され、かつ身体器官が鋭敏であることも関係しているのだろう。

全体を集中して見ているという、もう一つの可能性

フロー状態

もう少し周辺視野の可能性を探っていこう。左脳的な情報処理を起動させるきっかけをキャッチしているのは、まさに周辺視野にほかならないからである。

自動車教習所などで教わったことがあるかもしれないが、自動車を運転していて速度が

上がっていくと、知覚できる視野が中心部にぐっと縮まってくるという例がある。これは、単純に風景が速く流れる影響もあるが、緊張を感じることで視野が縮まることを示す例でもある。逆に言えば、心を落ち着かせリラックスすることで、視野を広く保てることを意味している。

サッカー選手に限らず、さまざまなスポーツのシーンで緊張度が視野を狭めることのデメリットは指摘される。リラックスしながら高い集中力を保持する状態を「フロー状態」というらしい。最近では「ゾーンに入った」というような言い方で耳にすることもある。

テレビの前にいる普段の状態が、ボーッと緩んだ状態なのか、全体に一定の集中力を持ったフロー状態なのか。世代的な反応を見る限り、一般的にはマルチタスクにも長けたスマホネイティブのほうに後者の傾向が見られることは指摘できるだろう。マルチデバイス、マルチタスクの状態を長く続けても、疲労感を感じずにパフォーマンスを維持できる新世代の能力と言えるかもしれない。

周辺視野の検知能力

フローの度合いの差はあれど、周辺視野の認識がしっかり機能していると、広い視野で優れた検知能力を示してくれる。ある種の異変や変動、標的に対するセンサーと言ってもいい。実はそうした例が、CMのAI値動向を見ていると数多く生じていることがわかる。視野の中心にはない対象物を目の端でキャッチして、瞬時に視線を向ける様子が捉えられている。

音で視線を向けさせる

ただし周辺視野に期待するのは、視聴環境や精神状態に依存するため、狙うのは難しい。そこで、「視聴」のもう一つの要素である「音」が効果を発揮してくる。音あるいはセリフ、アナウンスに反応して、その出所である画面の要素に視線を向け、確認するという動きだ。

次節では、注目を呼び込む音の効果を掘り下げて見ていこう。

注目を呼び込む音の力

人がそれぞれ持つキーワード

私たちは雑踏のようなノイズにあふれた空間の中でも、自分の名前を呼ばれると少々離れたところでも反応することができる。誰かがこそこそ噂話をしていても、自分に関連のある言葉は察知できたりする。気が付いたあとは集中力を使って聞き耳を立てるわけだが、最初のきっかけをつかむ際は意識的なものとは限らない。

これも右脳の働きで、あらかじめ脳にプログラムされた異変や危機といった本能的な要因から、イレギュラーな動きや変化、さらには自分の名前などのキーワードといった後天的に取得した要素まで、常にレーダーのように検知している。これにより、対応する行動がすぐ取れるように助けているのだ。

キーワードに反応する例はいくらでもある。夏休み終盤の子どもは、「宿題」や「自由研究」

といった言葉や文脈に鋭敏に反応する。健康に不安がある人は、病気に関するキーワードに思わずビクッとなるし、忙しい女性は「ヘアサロン予約」が気になる。

繰り返し意識していて気になっていたことは、無意識の中にもしっかり入り込む。このような例は、特に意識して考えていない状態のときにも、無意識がレーダーを働かせて本人にサインを送っているような仕組みができている証拠だろう。

広告は科学と言語と表現の集大成

ＣＭ表現はもともと、こうした人が気になる要素を活用することで、注視のきっかけを作ろうとしている。

これまではクリエイターの勘で、注意を引く効果的なモチーフを選び出していたと言えるかもしれない。クリエイター自身の中で、意識と無意識の境界を探り、人間に共通の、あるいはターゲットのインサイトから想定される反応要素を選択しているという、極めて理にかなったプロセスの結果である。

無意識の中にまで刷り込まれたような要素を選定でき、なおかつそれを広告コピーやナレーションとして音声化できれば、たとえ画面を見ていなくても人に働きかけることができるわけだ。

自社の商品やブランドとユーザーをつなぐときに、具体的な概念、またはモチーフとして機能するキーワードは何か？ 愛とか平和という抽象概念ではなく、より具体的で個別的なレベルでキーワードを徹底的に詰めていく必要がある。

インサイト分析とコピーワークは、限界まで吟味・検討すべきだ。そこがＣＭの柱として立っているものと、そうでないもので、一つの広告としてのまとまりも、視聴者からの注視も大きく差が出てくる。

繰り返して言うが、コピーには最大限の知恵を注ぐべきだ。

有能なコピーライターが行う厳密でストイックな言葉の吟味と、その背景としてのインサイト分析、そして科学的な人間の反応メカニズムを知ること。こうしたある種の総合科学と言語感覚と表現技術の集大成で、広告は完成する。改めて広告はおもしろいと思う。

無意識のスイッチ

人工知能がキーワードを決める？

しかし一方で、「ビッグデータ」という言葉に象徴されるような、人間の営みや行動の膨大な記録と、人工知能の社会での応用を思うと、緻密な作業や分析による最適化のほとんどの部分は近い将来、人工知能プログラムが担ってくれるだろうと想像できる。

人工知能は言うだろう、

「この商品の訴求には、次の三つのコピー戦略が考えられます。」

「それぞれの特性や効果の現れ方はこうです。」

「選択するのはアナタです。」

そんなプランニングサポートができたら便利と感じるだろうか。

反応の引き出し方

念のため押さえておくが、人が反応するキーワードとは、送り手側が伝えたい商品の訴求点のようなものではなく、ブランドとして共有したい価値観のようなものでもない。

広告主は前者を、時としてクリエイターは後者を広告に込めようとすることがあるが、そういったことではなく、ユーザーの無意識にある数多くの起動スイッチの中で、広告の商品やブランドに結びつく経路上にあるものを正確に選び出す必要がある、ということだ。たとえば、プレミアムビールが「金曜日」をキーワードに設定することで、ユーザーの無意識中にある「タスクからの解放」のようなスイッチを押す、といったことである。

仮に人工知能がプレミアムビールと関連する概念を分析したら、いかにも「金曜日」というワードは出てきそうではないか。いやそもそも、人工知能にできることは人間にも可能だ。「気付き」のための視点を意識的に持っていれば、その確度は高まるはずだ。

聞いてしまえば、「なんだ当たり前じゃないか」と思うかもしれない。そう、すでに私たちは無意識内で膨大な「記憶や感情」と「コンセプトやモチーフ」の組み合わせパターンを保有している。引き出し方だけの問題なのだ。

指示語の力

人間の脳に刷り込まれている指示語への反応

さて、音声の可能性はそうしたコンセプトやモチーフとなる具体的な言葉だけではない。


「これは！」

「この○○は！」

「あんなに××！」


こんな声が聞こえたら、誰もが反射的にその方向を向くだろう。声や会話を通じて危機回避や獲物の確保を行ってきた人類が身につけた、最速の反応回路の一つだろう。

CMにおけるナレーション話法も、シンプルに人の注目をコントロールする手段だ。実際のナレーションでも、上記のような指示語の箇所では、反応が上がる。やみくもに強い調子でメッセージを伝えるような手法よりも、確実に目線をコントロールする力があると言ってもいい。指示語の先には、当然ながら映像に対象物が用意されているわけで、それを確認したいという目線の移動は、意識するよりも先に行われている。

意志はコントロールできない？

少し話が逸れるが、意識についての議論でこんなものを聞いたことがある。思うのが先か、動くのが先か。私たちは、私たち自身を本当にコントロールしているのか、それとも後追いでなぞっているだけなのか。つまり、「自由意志はあるのか」という話だ。考えるだけで迷路に入っていくような議論だが、ＣＭへの反応を見ていると、何も考えていないうちに視線はコントロールされ、その積み重ねで「いつの間にか親近感や好意を感じるようになる」かのように思える。

キーワードの戦略的な設定に加え、指示語やナレーションによる視線のコントロールに思った以上の働きがあることは、強調して伝えたいことだ。

視聴者の手を離さない

語りかけるナレーションで始まりながら、次のナレーションまでに「すき間」が開くような構成のＣＭでは、確実にその間で注視率が下落する。最初に手をつないで歩き始めておいて、途中で手を離したら、もう一度手をつなごうとしても、もう視聴者はそこにいないというわけだ。

時間の流れを考えると、そこは道というより川を想像したほうがわかりやすいかもしれない。かなりの勢いで時間は流れている。目線の移動の時間単位は、ほんのマイクロ秒の出来事なのだ。

音の抑揚で記憶に残す

音のさまざまな要素

音については、まだまだ指摘したいことがある。言語は左脳で処理されるが、前述のように一部は無意識の中にしまわれ、右脳のセンサーで検知する対象になる。

しかし、音は言葉のような意味があるものだけではなく、音色、音程、音触もあり、その連なりとしての抑揚、旋律、さらにリズムやビートなどを生み出す。CM制作における音楽や効果音まで含めると、実に幅広い要素が広がっていることがわかる。

BGMやジングル、サウンドロゴが記憶や感性に働きかけることはすでに知られているので、ここで改めて掘り下げない。瞬時に心をつかむ音楽もあれば、妙に耳に残る効果音など、挙げればきりがない。

ここでは、抑揚について触れたい。これは言語にも効果音にも通じる要素である。右脳と左脳の話をすると、言葉や言語は左脳で理解するのに対して、右脳では同時に抑揚を処理している。自動音声は人間の話し言葉にだいぶ近づいてきたが、違和感を生むのは抑揚だ。人間がしゃべる場合でも、抑揚によって伝わり方がまったく違ってくることは、誰でも経験的に知っている。

抑揚で感情を動かす

音には、記憶を留める作用がある。受験勉強で何かを暗記するときにも、リズムや抑揚のある音に変換して覚えたはずだ。声に出さなくても、頭の中で調子を取って繰り返せば記憶できる。

かつて、楽曲のイントロをほんのわずか流しただけで、曲名を当てさせるクイズ番組もあった。どれも同じように聞こえる赤ちゃんの泣き声を、母親はしっかり識別して、自分の子を聞き分けられるという例もある。これらのことを考えるだけでも、聴覚は記憶や識別能力と強く結びついていることがわかる。

長期の記憶を残すには、感情の関与が重要だ。記号のような文字列のままではなく、抑揚や調子を加えることで感情が生まれ、記憶への定着を促すわけだ。

前述のように、ＣＭでもナレーションの抑揚は大きな影響力を持っている。右脳領域のセンサーを刺激して、音に引きつけ、目線をコントロールする。たとえば子どもが反応するＣＭを思い浮かべると、抑揚が駆使されていることに気が付くと思う。さらにＣＭではなく番組に目をやると、バラエティにしてもドラマにしても、日常の会話と比べていかに抑揚が多様で派手なことか。そんな抑揚の豊かな番組本編からＣＭに切り替わったとたんに、淡々としたトーンになったらどうだろう。

風景に溶け込まない音のデザイン

テレビ放送を一種の「音の風景」であると考えたとき、そのＣＭがどんな位置に立つのかを冷静に考え、戦略的に音のデザインを考えるべきではないか。

番組に負けない豊かな抑揚を発するのか、逆に音をなくして目立たせるのか。近景に立つのか遠景で光るのか、いずれにしても、よくあるＣＭっぽい音風景に収まってしまうと、存在自体が透明人間のようになってしまう。会話の中に紛れ込む、電車や車のノイズと同じ扱いをされてしまうということだ。

音使いの妙味

ＣＭ表現で音を戦略的に、もっと言うなら工学的に駆使して、高いコミュニケーション効果を実現することを考えると、当時電通の社員だった佐藤雅彦さんの仕事が浮かぶ。

彼は会社のＣＭアーカイブで歴代の名作といわれるＣＭを研究して、いくつかのルールを見出したという。その中で音についての発見が、特に初期の仕事の傑出した結果につながった。広告主が伝えたいメッセージや訴求内容はそのままに、それに節をつけて抑揚豊かな音楽や言い回しに変換するという、極めてシンプルで本質的な作業により、ＣＭの存在感を特別なものに仕立て上げた。「ポリンキー」「バザールでござーる」などは、当時ＣＭを見た人の頭の中に一生残り続けるのではないだろうか。

最新のテクノロジーによる視線測定や、脳科学の知見による脳波分析でわかったことは、実は、有能で真摯なＣＭクリエイターたちが昔からやってきたことと何ら違わない。

現実問題に左右されない本質を

現実として、実務上の近視眼的な要件や、制作サイドの力関係における意思決定バイアスで、ＣＭの設計は左右される。それを自覚して、本質的な観点で作業を行うことは、思った以上に難しい。

しかし今日に至り、これまではどちらかというと個人的に会得されてきた、人の注目を集めるための本質的理解が、科学や技術で客観的な材料として提示できるようになった。広く共通理解のベースができれば本書の意味もあると思う。

注目が約束されたビジュアル

見えていないのに認識する

ここからは、視覚の領域についての興味深い現象に目を向けていこう。目に入る視覚情報は、音のように全方向はカバーできず、半球を少しつぶしたような視野の範囲に限られる。しかもすでに触れたように、中心視野の一部分を細かく見るのか、周辺視野を含んだ全体像をつかむのかという機能の違いが、管轄する左右の脳によって区別される。

音は、どの方向から聞こえてきても、左右の脳が同時に処理する。ところが視覚は、自分の目線と対象物の位置によって、処理のされ方がそもそも異なっているわけだ。もちろん、それを補うために高速で目を動かしたり、首や体ごと向きを変えたりする。

AI値の測定は、この目線を対象にしている。センサー自体は、人の顔、向き、表情など幅広く測定対象としているが、AI値は顔の向きを捉えたうえで、目の開き方を判断し、まっすぐテレビ画面に向いているかを一秒あたり六コマ単位で計測している。

目線がテレビから少し外れたり、別のどこかを見ていたり、目が泳いでいるようなときは、スコアには現れない。

CMに対するこのAI値を見ていると、目線はテレビから外れた位置にあるはずなのに、テレビの画面に「注視されるような対象」が映った瞬間に、テレビに目線が戻ってくる現象を多数見ることができる。

見ていないのに、なぜわかるのか。

これが、中心視野と周辺視野の疑問への入り口になる現象だ。ここからは、視野と脳の働きを踏まえたうえで、アテンションにつながるビジュアルを探っていく。

注目を集めるモチーフは何か

目の端に映るものも、実は見えている。そこに音の変化も連動していれば、さらに察知されやすい。実際のCMの中で、注目の対象となるような映像上のモチーフに着眼していくと、本能的なものから、後天的に刻まれたアイコン的なもの、ビジュアルエフェクトのようなものまで、さまざまにある。それらは一言でいうと、「ボールド（太筆で描いたような力強く単純で明瞭なさま）」なイメージ喚起力があるものだ。

少しわかりにくいかもしれない。それでは、人物やタレントを例に読み解いていこう。

タレントで本当に注目が得られるか

その時代の人気タレントは、広告には欠かせない注目を誘引する要素だ。タレントを起用したCMでは、たいていその人を映像の中心に置き、そこに視聴者の目線を集めようとする。しかし、映像上のモチーフとしてタレントが人の目線を集めるボールドな吸引力を持っているかというと、種々のデータを見る限りどうもそうではないと思われる。

あるタレントに好感を抱いていたとする。そのタレントの声が聞こえれば、振り向かせるきっかけにはなる。これは音の力だ。また、同じCMに何度か触れていると、そのCMが流れてきたらタレントが出てくることが記憶されている状態になる。CMが始まった瞬間にタレントを想起して目を向けるときも、やはり記憶された音がきっかけになる。

音の要素が大きな力を持っていることはこれまでも述べてきたが、ここでは映像単体での可能性について議論を進めていきたい。

さて、個別のタレント起用は、最初に注目を集めるパワーがあるというよりは、認識されたあとに親近感や信頼感を生む効果がある。いったん注目したあと見続ける動機付けや、接触を繰り返しても飽きずに関心を維持させることに、その真価があると言っていい。

実際に、タレント起用とノンタレントの場合でAI値を比較してみたところ、初期の有意差はほぼ見られなかった。しかし接触頻度が増すほど、タレント起用のものは高い注目を維持していた。

視線を集める要素はとてもシンプル

では、ボールドな力がある人物の要素は何であろうか。これは、ある意味でシンプルである。まず、美しい顔、美しいプロポーション、肌の露出。これは男女双方に言えることだ。男性はご存じのようにセクシーな美女に注目する。女性でも、セクシーな男性のカットには自然と目線が集まる。この場合、必ずしもそのカットにきっかけとなる音の合図がなかったとしても、反応は起こる。世代的に見ると、男性ではミドル層で顕著なのに対し、女性では若年層に鋭敏な反応が見られるというおもしろい傾向がある。

常套手段と言ってしまえばそれまでだが、画面上の整理をして、そうしたボールドなアイコンを目の端でも認識しやすくしておくと、単純に注目度は上げられそうだ。こうした本能的な感覚で映像アイコンを探していくと、注目を集めやすい要素が定番のモチーフとして活用されてきたことに改めて気が付く。

セクシーと並んで、カワイイもボールドだ。猫や犬、小動物もまた、ＣＭの定番要素でありながら、やはりＡＩ値を引き上げる鉄板のアイコンである。こうしたボールドなアイコンが据えられていると、企画上の余計な作り込みは不要になるとも言えるほどだ。

アニメはボールドか

映像の世界観そのものがアイコンになるような例としては、アニメ表現などが考えられる。しかし、単にアニメであることがボールドを生むわけではなく、国民的に認知されているような象徴性が問われることになる。

ただし猫で考えても、見慣れた普通の猫なのか、何か特別な付加価値を持った猫なのかによって、一五秒間の注目の持続は左右される。ＣＭとしてその先を見続けてもらうには、演出や展開の濃度もしっかり担保しておかなければならないということだ。

シズルと王道はまだ通用するか

シズルの可能性

シズルは本能に効くか

タレントのようなアイコンとは別に、広告にはシズルと呼ばれるカットもつきまとう。シズルカットは、いかにも広告的な押し付け感が強いと、瞬間的に目線を外されてしまうストッパーにもなりかねない。しかし効果的に活用することで、むしろ目線を集めるきっかけになるケースもあることを紹介したい。

人間の本能を足がかりにシズルを考えると、食べ物のおいしそうなシズルや、飲料・アルコールなどの思わず喉のあたりがうずうずしそうなシズルは、目の端に映るレベルでも反応の対象になりそうだ。

実際にビールのＣＭでのシズル表現を例として見てみよう。ビールのシズルは、黄金色の液体と、液体の中の泡の動き、そしてこんもりと膨れ上がる液上の白い泡といったところだろう。

あるカットは、ジョッキやグラスごとこれらを表現する。さらにガラスに付着する水滴という要素も加わり、そばに商品の瓶や缶をレイアウトするような場合もあるだろう。これは、状況を説明する客観的な描き方である。

もう一方で、主観的ともいうべき表現法がある。カメラの視点がビールの中に入ったように、画角全体に黄金色のビールと躍動する泡が描かれる。シュワーッという音はどちらの表現でも使われる。

純粋にシズル表現のカットとして、描き方の方針が違うこの二種類の比較では、後者のほうが瞬発的にＡＩ値が上昇することをデータが示している。

主観的なシズルは男性にも通用する

パッケージや作り方、デモンストレーションなど、説明的な部分には男性がより反応することは前章で説明した。ところがこのようなシズル表現では、客観的な説明視点で画面を構成するよりも、ダイレクトに視聴者の心に訴えるような表現のほうが、男性でも優位に働いた。

この比較では脳波まで見ているわけではないが、飲むという行為や、飲む状況の客観的な説明ではなく、飲んだときの生理的な感覚や、心理的な充足感といったものを無意識から引き出すような、直観的・主観的な画面が効果的と言える。

コーヒー飲料のCMで、コーヒーにミルクが混ざっていくときの液色の変化を、同じように画面全体で描いたものがある。それだけ見ると不可解な映像なのだが、実はしっかりAI値を取っている。

ビールやコーヒーのような嗜好性の高い製品では、主観的で非言語的な映像が特に効果的だろう。

「できたて」の誘惑

おいしそうなおかずの一皿。

できたての料理のシズルも、テレビCMの一つの醍醐味と言えるカットだ。ほんの数秒のカットでも、撮影にかかる労力は半端なものではない。撮影スタジオ内の室温設定、微細な湯気や食材の鮮度感を浮かび上がらせる照明のテクニック。高速度カメラで瞬間を捉え、クッキングチームは何度やり直しても弱音を吐かない。このようにして撮影された無数のテイクから厳選されたものだけが、CMとして世に出される。

少し話が脱線するが、カナダのマクドナルドで始まった「Our food. Your questions.」というオウンドメディア施策がある。

「ユーザーからのどんな質問にも答えます」という取り組みなのだが、この中で、「広告に描かれるビッグマックをイメージして実際にお店で頼んだら、ペシャンコの全然違う見た目のものだった。広告のビッグマックはそのために作られた偽物じゃないか」という投稿があった。

この質問にもマクドナルド側は真摯に答えている。いわく、「広告の商品もお店で出している商品とまったく同一のものです。ただし広告撮影では、バンズもハンバーグもすべて焼きたて作り立てのほんの一瞬のうちに撮影しているのです」とのことだ。

確かに、焼きたてのバンズはふっくらしているだろう。重ねた瞬間を撮影できれば、潰れる前のわけだ。できればあのふっくらした状態のビッグマックを食べてみたいものである。

さて、話を戻すと、できたての料理のシズルは、本能レベルで多くの人が目線を向けるキラーショットなのだろうか。データを見ると、食材や料理の種類によって強さが大きく変わるようだが、確かに人々を惹きつける食のシズルは厳然と存在している。総じて言えることは、若年層ほど料理シズルに反応している傾向が高いということだ。若い人は、食欲に対しても鋭敏だということだろう。

テレビには王道が似合う

「ありきたり」は不変ということ

ほかに映像的なギミックとして効果があるものに、ゴールド（金色）がある。高級感や豪華さの演出要素として、ゴールドは長きにわたって使われてきた。この色を画面全体に惜しみなく使ったCMは、意外と存在する。そしてＡＩ値が高い。

目の端に映るだけで反応を喚起するようなモチーフはまだまだあるだろうが、いずれも根源的な本能や生理に沿っているのである。ここで解説したものも、大抵は私たちがすでに知っていて、人目を引きつけるモチーフとしては当たり前になっているものばかりだ。

セクシーな女性、マッチョな男、愛くるしい猫、陶然とするようなシズル、金色の輝き……。大衆的というべきか、あるいは本能的な反応というべきか（おそらく両方だと思うが）、多くの人が思わず目を向けてしまう映像のモチーフは、古今東西共通のオーソドックスなもののようだ。

マスメディアとニッチ

逆に言うと、奇をてらった斬新なビジュアルは、多くの人の目線を引き寄せるという目的には、まず成果を上げることはない。アート的なビジュアルにしても、グラフィカルで凝ったものにしても、その表現のエッジがＡＩ値に現れているものを見たことがない。

映像面では、定番を外してオルタナティブな表現に果敢にチャレンジすることは、勝算の低い行為と言える。それが成立するのは、わざと見る人を限定して、反応する人こそが自社のターゲットなのだ、という論理が使えるときだけだろう。

実際に、マスメディアを使いながらニッチなマーケティングを行うケースもある。エッジのある表現はＡＩ値で見るとスコアが低いが、表現のインパクトに対してソーシャル上で話題になるような副次的な効果をもたらすことがある。むしろ、ソーシャル上でのインパクトを主戦場とするなら、狙い通りと言える。

ちなみに、ＡＩ値が高い、つまりテレビ視聴者の多数の目を引くＣＭがソーシャル上の反応数に比例するかというと、それはまた別の話だ。ソーシャル上での言及を生むには広告機能のデザインとは違う、コンテンツとしての設計や、ある種のセンセーショナリズムを仕掛ける発想が必要となる。

脳と視野のまとめ

本章では、中心視野と周辺視野という観点で、右脳と左脳、視覚と聴覚の関係を紐解き、ＣＭ表現における音と映像の要素を概観してきた。右脳と左脳の管轄ごとにまとめると、［表４－１］のようになる。

テレビを見ているようなリラックスした状態では、必ずしも視野は中心に偏りすぎず、周辺視野も働いている。「ながら視聴」の状態でスマホのような中心部を占拠するようなデバイスを見ていたとしても、音の力や一部の映像モチーフの力は、目線をテレビに向けさせるポテンシャルを持っている。

映像モチーフとして強いものは、人の本能に根差したある程度固定的なものである。

左脳	右脳
部分視	全体視
文字	イメージ
言語	抑揚
遅い	早い

表4－1　右脳と左脳の働き

音は、意味のある言語的なものに抑揚やリズムを加味したり、エモーショナルな音楽や効果音を流したりして、記憶に残す効果を与える。

また、コピーワークや演出の技術なども、映像との相乗効果でCMの吸引力を大きく左右することも、改めて明らかになった。

周辺視野に働きかけてふっと目線を呼び込み、今度は中心視野に負荷をかけず見続けてもらう、そんなCMの在り方をイメージすることができただろうか。視聴者の立場で考える手がかりとして、ここで提示した概念が役立てられればと思う。

次章では、こうした知見を総合したときに、今日のCMプランニングはどうあるべきかを考えていきたい。

Ⅱ

注目量でわかるCM効果

大橋 聡史［著］

第5章

アテンションを獲得するテレビ広告のカタチ

一五秒の勝負に勝つ方法

CMの費用対効果は注目で測る

「ペイド」の意味

AI値の測定により、どんな属性のターゲットがどのような要素や因子によって注視行動を左右されるのか、わかるようになってきた。そしてその反応メカニズムに、人の感覚器や脳の特性がどのように関わっているのかを紐づけることで、CMのクリエイティブに対する科学的なアプローチが開けてきた。

本書で論じているのは広告である。言い換えれば、ペイドメディア（Paid Media）を使ったマーケティングコミュニケーションである。ペイドということは、「投資に見合う成果を上げる」という関係性が成り立たないといけないことは自明だ。

テレビ広告を露出し、そこで獲得されるアテンション、すなわち注視時間というものが、費用を払う価値の対象となる。多くの人が画面に夢中になるゴールデンタイムの人気番組は高く、早朝や深夜は安いという具合に。

今、ペイド施策に対する見返りは、露出したという実績自体ではなく、そこにどれだけオーディエンスの注目が向けられたかという時間の議論に向かっている。デジタルでもテレビでも、同じように時間が問われてきている。

コスト・パー・ミニッツ。つまり注視時間こそが、対価を支払うべき価値の基軸になっていくというわけだ。

注視や注目は、文字通り視覚を基準にした指標だ。聴覚による情報伝達の豊かさについても触れてきたが、お金を出してテレビCMを露出させたときに第一の成果指標になるのは、やはり視覚を前提条件にしたオーディオビジュアルによるコミュニケーションが成立した部分である。

本書で提唱するGAPも、まさにそこに焦点を絞り込んだ初めての指標だ。単にテレビモニターにCMが露出していることではなく、その前に人がいて、かつ目線を画面のCMに向けていることを毎秒測定し続ける。そして、その累積量により投資した広告費に対するリターンを実質的に把握していこうというものだ。

注目を得られるかは広告主の自己責任

露出するテレビのタイムテーブル上のポジション（タイミング）や、放映されている番組内容などにより、一五秒のCMが放映されるその瞬間がターゲット属性の注目を集めやすい場所なのかは、どの広告主でも共通のメディアデータとして入手できる。テレビという公共メディアのオンエア放送は、共有の環境だからだ。

しかし、そこに露出されるCM素材は広告主が用意したものであり、そのクリエイティブによって注視時間が大きく変わってしまうという点は、広告主の自己責任の範囲だ。

CMクリエイティブの差が積み上がっていった結果は、場合によっては単なる注目時間の数値以上に、購買動機やブランドエンゲージメントといった質的な成果に対しても影響を及ぼしていることだって考えられる。テレビCM出稿の費用は、広告投資の中でも最大だ。その意味では、投下した金額に見合う、あるいはそれを超えるような注視時間を確実に稼ぎ出すために、クリエイティブには最大限の知を投入しなければならない。

CMクリエイティブの役割

「売り」と「ブランディング」

CMクリエイティブの役割について、私たちはこれまで大きな包容力を持って、ある意味で楽観的に考えてきた部分はないだろうか。広告の世界でよく使われてきた対比に、「売り」なのか「ブランディング」なのか、というものがある。

「売り」は、そのCMを見ることで買いたくなるかどうかということだ。CMを投入したあと、売り上げやシェアにポジティブな変化がもたらされれば成功と判断されるような場合だ。

一方の「ブランディング」は、その企業、ブランド、商品の価値観や信条、美意識を自己表現することである。共感、賛同、憧れ、好意など、感情に作用して長期記憶に残ることや、個人の生きざまに同化して伴走するような存在になっていくことへの意図を示している。

広告の機能を果たしているか？

まったく新しいイノベーションやデザインで、ただ告知するだけで売れていくような製品やサービスは、市場が成熟した今日には多くない。そんな中で、「売り」も「ブランディング」も、企業が持続するために不可欠なマーケティングコミュニケーションであることは言うまでもない。

ただし、売りやブランディングは、商品やサービスのサイクルあるいは環境によって、さじ加減をしていく問題であり、ＣＭの機能や役割の本質には関係がない。売りやブランディングばかり意識することにより、どこかで「伝達する」という成果をあいまいにした、送り手側の自己満足や自己正当化が起こっていたとしたら、そこは修正しなければならないだろう。

売りのために、訴求点を詰め込んだもの。その逆に、表現そのものに偏重し広告の意図を意識的に隠ぺいしたもの。そういう、広告の形をしながら広告の機能を果たせていないものを、広告主・制作側はしっかり見分けることができているだろうか。

改めて、CMのあるべき姿を探る

テクニックではなく本質を

ＡＩ値やニューロサイエンスの知見を経て、改めてテレビ広告としてのＣＭのあるべき姿について考察してみたい。言い換えれば、広告の目的をオーディエンスに伝達するために、注目時間をしっかり獲得できるＣＭ表現の在り方を探るということだ。

単に反応効率を上げるためのテクニック論でないことは、ここまでの流れで理解いただけると思う。視聴者に負荷をかけるような刺激を通じた注目は、むしろネガティブな感情や記憶につながるわけで、レスポンス広告のように反応を数値的に追求するのは、感情に働きかけることをメリットとするテレビには当てはまらないのである。

広告とブランデッドコンテンツの違い

ブランデッドコンテンツの隆盛

ここで、広告とブランデッドコンテンツについて整理をしておきたい。

ブランデッドコンテンツは、非常に大まかに言うと、オーディエンスと一対一の関係づくりを目指すために近年注目されてきた手法だ。

背景には、インターネットがもたらしたデジタル空間が、情報の取捨選択の主導権をオーディエンスに引き渡したという大きなパラダイムシフトがある。

人々のメディア行動全般が変わり、広告にしろマスメディアによる情報にしろ、送り手側の意図が瞬時にユーザーによって批評、検証、場合によっては追及されるようになったことで、結果的に広告メッセージは以前ほどの影響力がなくなり、広告とは違う形のコミュニケーションが求められるようになってきたという流れがある。

この新しい実験的な試みの多くは、当初インターネット内で消費されるコンテンツとして注目を集めた。そのためフォーマットの制限もなく、映画のようなものや、ゲーム的な機能を持ったものが生まれ、そこから次第に現実世界での仕掛けやムーブメントにまで一気に拡張していった。エンターテインメントビジネスや、社会的な啓発運動など、企業のマーケティング活動として一定以上のスケールで社会に広がる可能性のある領域には、ブランドが次々に侵食した。カンヌ国際広告祭が、「広告」の言葉を外し、「クリエイティビティ」に置き換わったのも、こうした背景がある。

コミュニケーションデザインの中のCM

大きな意味で、こうした社会全体にポジティブな作用を及ぼすクリエイティビティが、今後の焦点になることにはまったく同意する。しかし本書の目的は、テレビCMという、日本のマーケティングコミュニケーションの主軸を丁寧に考えることだ。

ブランデッドコンテンツ自体が非常に大きな可能性を持っているので、テレビのCMフォーマットも同じ考え方で設計され、コミュニケーションデザインの一要素として使われることがある。もっとシンプルな場合だと、PR的な仕掛けの一要素としてCMが活用されることもある。CM単体で目的が達成されるわけではなく、アーンドメディアやオウンドメディアに用意されたコンテンツとの連動により、コミュニケーションが増幅していくような設計が最初からなされているような例だ。

トランスメディアストーリーテリングという概念もあるが、複数のメディアにまたがって情報に接触し、それらをオーディエンス自身がつなげて解釈していくという行為は、確かに高いエンゲージメントを生むことが確認されている。

広告フォーマットとしてあるべき姿

ＣＭの世界にも、そうした別の接点との連動を最初から織り込んだものは少なくない。しかし、テレビが持つ最大の物理的なパワーは、多数のオーディエンスに同時期に同一のメッセージを伝達できることだ。

わずか一五秒という限られた時間への投資を最大化するとき、それにふさわしいクリエイティブの在り方を探るのが本章の意図である。したがって、この先はブランデッドコンテンツの思考は排除して、純粋に広告フォーマットとしてのあるべき姿を考えていくことを明言しておく。

一五秒の中の世界

一五秒という単位

テレビ広告であるCMの基本フォーマットは一五秒である。もちろん三〇秒もあるし、長尺もイレギュラーに存在する。さらには、五秒のような短尺CMなど、実験的な試みもないわけではない。しかし、本書で一五秒にこだわるのは、オーディエンスの頭の中にイメージされたCMの秒数であるからだ。

たとえば、一五秒の素材とあわせて三〇秒の素材が放映されたCMのAI値を見たとき、一五秒のところで一気にスコアが低下しているというケースがあった。

私たちはテレビの視聴習慣の中で、一五秒サイクルで切り替わるCMを、何千回、何万回と浴びてきた。ある種の体内時計のサイクルとして、一五秒というCMフォーマットは、すでに私たちの脳の中で構造化されているだろうということだ。きっと、CMの秒数が日本で決められるときも、人の集中力が続く範囲で、広告メッセージに必要な時間を探る議論があっただろう。第三章で指摘したように、人の集中時間が短くなってきているため、もしかすると一五秒というフォーマットもいつか変更されるときが来るかもしれないが、しばらくは一五秒のサイクルが視聴者に刻み込まれているはずだ。

一五秒の輪郭

はっきり境界線を引く

さて、この一五秒というサイクルは、テレビにおける「音の風景」の中で、かなり明確な境界線となる。目をつぶって音だけ聞いていても、ＣＭとＣＭの境界は、ほぼ当てられると思われる。なぜなら、冒頭にスターターとなるアクセントがあったり、最後にサウンドロゴが入ったりしているからだ。もちろん、本編中に流れる音楽やナレーションの声のトーン＆マナーも、素材ごとにまったく異なる。当然ながら映像も連動していて、冒頭でロゴ、最後にもロゴ、加えて色を効果的に使っている例もある。

こうした一五秒フォーマットの輪郭をはっきり強調させる工夫は、そのまま記憶内の輪郭を強化し、繰り返し接触する際に、瞬時にそのCMの記憶を呼び起こし、蓄積しやすくする。本編自体が更新されても、初めと終わりのサインによって、CMのカテゴリーや、自分との関わり度合いが最初から認識された状態を、見る人の無意識の中に準備できると考えてよいのではないか。

印象的な立ち上がりの例

筆者が知る限り、冒頭の印象的な立ち上がりを戦略的に使い出したのは、当時博報堂にいた黒須美彦さんだった。

マツダがかつてアンフィニというブランドを使用していたとき、冒頭にピアノの単音とともに「アンフィニ」というサウンドロゴを使用した共通フォーマットにすることで、さまざまな車種を展開する広告群に一つの共通シグナルを与えた。意識に明示するというよりも、無意識に刷り込むようなことを最初から狙っていたと思われる。

同様の考え方で、ソニーのプレイステーションのCMでも、冒頭で印象的な音と商品名のコールを生み出した。ゲームのタイトルは、いろいろなジャンルや世界観で次々リリースされるのだが、冒頭のほんの一秒足らずのショットが、オーディエンスのゲームへの期待感のスイッチとなって、ブランドの世界観を一つにつなぐ役割を果たした。

一五秒サイクルのルーティーンをどう使うか

今オンエアされているＣＭの多くに、こうした冒頭と締めのブランドのスタンプのような要素が見られる。単純に冒頭と締めのＡＩ値だけ見ると、スタンプを使い続ける手法は一定のレベルにスコアを安定させる効果があるらしい（例外もある）。特にそのブランドに関与度が高い世代では、スタンプは反応されている。

逆に一五秒の輪郭を逆手に取って、音の立ち上がりを少し遅らせる、あるいは、あえてナレーションを入れず状況音や音楽だけで引っ張るような手法もある。引き算の戦略だ。一五秒サイクルのルーティーンのずれが、耳から異変としてキャッチされ、確認するために目線を画面に向けるような反応は、データでも確かに見られる。ただし、どんな場面や属性にも効果的なやり方とは言えないようだ。

演出のさじ加減

一五秒のお皿に何を載せる？

一五秒を一つのお皿だとしたら、それがどんなお皿なのか、つまりどの企業やブランドのものかをはっきりさせましょうというのが、冒頭や締めのブランドのスタンプにあたる。そうすると、次はお皿に何を載せて差し出すかという話になる。

もしあなたが料理人だったら、どんな料理を載せるだろうか。芸術的な油絵のように、色彩豊かにさまざまな食材を盛りつけてもてなすのか。それとも独創的な調理を施した高級食材をシンプルに配置して、抽象的かつ哲学的な現代アートのような問いかけをするか。あるいは、みんなが食べたことのないような、異国情緒のある未知の料理を紹介するか？

改めて、テレビとは、私たちにとってどんな映像メディアだろう？

テレビは、毎日の食卓である。
映画館は、レストランだろう。
スマホは、スナック菓子か。

そんなふうに捉えるとどうだろう。テレビは日常というものに馴染みきったメディアである。見る側の期待値や、出てくる料理に対する向き合い方という意味では、日常的なニーズという一定の幅に収まっていることが、暗黙の約束事にされているだろう。

毎日の食卓に、いきなりハイブローな料理が出てきたり、やたらに高カロリーだったり、食べ慣れないものが出てきたりしたら面食らうだろう。

これまで紹介したデータが示すように、テレビは一般的な感覚が大切な場なのだ。

フォーマットと最適化

作り込みすぎていないか

AI値やニューロの分析を総合してCMへの反応を見ていると、やはり一皿に載せるべき適正なボリュームと料理の幅があるように思う。

ストーリーテリングやコンテキスト（文脈）は、CMのプランニング時にも意識される言葉だが、「しっかりストーリーテリングを作り込む」とか「コンテキストを緻密に構築する」といったふうに、CMの骨格自体に手を入れて加工していくことにつながりやすい。そうすると、本来のオーディエンスの要請と異なる方向に料理を持って行ってしまう危険性があるとさえ言える。

テレビというメディアの、ほんの一五秒の断片に人が注ぐエネルギーの分量を冷静に踏まえる必要がある。

気に障らない広告

一九九〇年前後、当時青山学院大学教授だった小林保彦さんが、「気に障らない広告」というコンセプトを提示したことを思い出す。大きな声や派手な演出により、短期的に注目を集めようとする狙いが、実は広告としての正しい機能を阻害していたり、ブランドの形成に悪影響を与えたりするという指摘だった。

また、BBDOのクリエイティブブリーフにおいて、Net Impressionというキーワードがあった。「その広告がユーザーの頭に残す『正味の印象』は、一言でいうと何？」というような部分を重視したものだ。

さらに加えて、ニールセン ニューロのＣＭ評価では、撮影後の状態でＣＭ評価するのと同様のフィードバックが、撮影前のビデオコンテでも得られるという結果が出ている。これも非常に示唆に富んでいる。

つまり、ＣＭの本質的な到達力は、演出上のさまざまな刺激にあるわけではなく、もっとざっくりした骨の部分にあるということだ。小林さんやＢＢＤＯの指摘が、やっと科学的に検証されたわけである。

シンプルなプロットと、アイデンティティ

メタ・プランニング

メッセージに対するメタ・メッセージ。

この視点も、古典的でありながら改めてコミュニケーションの本質を再認識させてくれる。実は、CMのプランニングの初めにしっかり詰めなければならないのは、メタ・プランニングの領域である。

「一言でいうと、一五秒で描くのはこれだけ」といったメタ文脈を中心に据えるという、基本セッティングが必要なのだ。

テレビという毎日の食卓の、一五秒という小さなお皿に載るものは、実際のおかずがそうであるように、いつも同じような食材と料理法の中の、ちょっとしたアレンジに過ぎな

い。でもだからこそ、安心や愛着の対象になりえている。

超シンプルなプロットが成功している

実際の一五秒ＣＭを細部にフォーカスせず俯瞰してみると、シンプルなプロットが見えてくる。よくあるのは次のようなものだ。

- 元気な女の子がおいしそうに商品を飲んでいる。
- 仲間同士で和気あいあいと酒を飲んでいる。
- アスリートが真剣な表情で走っている。
- やり手のビジネスマンが闊歩《かっぽ》している。
- きれいな髪の毛を満足げになびかせている。
- 研究者が専門的なことに取り組んでいる。

広告したい商品やサービスにつながる筋がずれていなければ、このようなプロットでも十二分に機能する。つかみづらい設定や、過剰な展開は必要ない。ＡＩ値が高く、かつ一五秒間スコアを維持しているものは、多くの場合プロットがシンプルだ。メタの視点で見たときに、プロットが超シンプルであること。これが大事である。

ただし、自社の商品やサービス、ブランドにぴったり当てはまるプロットを探し出す必要がある。メタレベルでの設計がＣＭの成否を分けてくる。

文体の創造

プロットの設定と同時に、それにふさわしい表現上のトーンも方向が決まることになる。そのプロットに伴う感情的な傾向などによって、元気な感じなのか、ピュアな感じなのか、男っぽい感じなのかなど、必然的に絞り込まれることになるからだ。

しかし、ここまでの順当な工程だけだと、ＣＭは平凡で予定調和的なアウトプットになってしまう。ＣＭとして完成させていくためには「文体」の創造が重要になる。

ここでいう「文体」の意味を定義しておく。

表層的には、文字通り言葉の選び方や、語りの声や抑揚、映像における色調（近年はカラーグレーディング［注1］などへの注目も高まっている）、レンズによる深度、編集のスタイルやリズム、文字のフォントなどのことを指している。これらは印象を左右する要素だ。また、音楽や効果音等の選択なども含めた表現要素の全体をコントロールすることで生まれる、全体のたたずまいのようなものも文体ということにする。

文体を確立しているブランドは、どのバージョンのＣＭを見ても、あるいはどの一秒を切り取っても、「あ、あのブランドだ！」とわかる。冒頭や結びのスタンプも認知させる手段だが、文体はもっと潜在的なレベルで、そのＣＭのアイデンティティを伝える自社の財産となる。

同じプロットで、似たようなトーンであっても、それをコミュニケーションする際の「文体」は、最終的にそのＣＭのアイデンティティを決定づける。文体にまで到達していないものは、単に類型的な広告群の渦に飲まれてしまう。この文体の創造にチャレンジせずに、プロットで奇をてらうのが得策でないことは、何度も伝えておく。

［注1］：映像の色味やトーンを整える工程のこと。近年では、作品の世界観を決める役割として注目されている

制作現場とアテンション

クリエイティブ・ディレクションの仕事

日本のCM制作現場では、クリエイティブ・ディレクターのもと、CMプランナーが立ち回る形が基本になる。もちろんコピーライターやアートディレクターが参画するようなチーム編成も珍しくないが、CMプランナーとコピーやアートの領域は分けられている。詳細を語れるわけではないが、海外のCMづくりでは、特にブランドの文体を描き出すような場合、グラフィック広告にも似たストイックな積み重ねが費やされているように見受けられる。

つまり、CMにもコピーライターやアートディレクターの静止画的で濃密な作業工程が不可欠なのではないか、ということだ。前述のように、プロットを見出して、さらに文体を確立することで、伝わるイメージを独自のものとして強めていくことが肝心である。この蒸留作業が、まさにクリエイティブ・ディレクションの仕事にほかならない。こうした基本設計の工程では、コピーとアートの役割も大切だ。

次に、この基本設計に実際の広告要素を載せていく作業がある。前章までで触れたように、インサイト分析から導かれる重要なキーワードも、音や文字として駆使すべきだし、タレントや音楽を通じて、ターゲットとの同調を図る計算も慎重に行わなければならない。

文体が敷かれた上に、しっかりと「フック」となる構成要素を組み込んでいく作業も非常に重要だ。この部分はＣＭのエンジニアリング領域として、プランナーや監督、編集マンに負うところが大きいだろう。

デジタル時代のテレビＣＭは総力戦で

前述のように、ブランデッドコンテンツとして制作する動画は、プロットの工夫で一気に広がる可能性を持っている。それに対してテレビＣＭというフォーマットでの制作作業は、複雑な要素を考慮して、多面的な見識を総合しなければならないことを、本書のための検証を経て改めて発見した感がある。

テレビCMによるキャンペーンに投下する費用と、接触する人数のスケールを考えれば、それだけの知を投入すべき行為なのだということも、また改めて認識される。

CMを制作する際には、今日のメディア環境や、テレビを巡るオーディエンスの実態をチーム内でしっかり共有しておく必要がある。そのうえで、自社の広告で伝えるべきエッセンスと、それを届ける道を開くユーザーインサイトを、徹底的に精査する議論も経る必要がある。徹底的に言語で整理する作業と、一気に後退して非言語的にメタな視点を手繰り寄せる作業も並行しなければならない。地道な工程である。

こうした作業はクリエイター任せではなく、関連スタッフや広告主も、共通の経験値を積んでいくことが望ましい。オンエア後もGAPをモニタリングすることで、クリエイティブの実効性をリアルタイムに体感していくと、大きなフィードバックを得られる。

デジタル時代のテレビCMは、まさに総力戦であたるべき、難易度の高いコミュニケーション施策と考えるべきだろう。

変わらない目的を目指し続けるために

人のアテンションは、生ものである。メディアのイノベーションにより、劇的な変化が起こっている。単に可処分時間を取り合う以上に、その瞬間ごとの注意力を巡る攻防は、今やありとあらゆるプレイヤーを巻き込んだ熾烈な状況になっている。

ひと目でも見てもらえるかどうか。

そのひと目に強い浸透力を持たせられるか。

そのひと目にブランドのアイデンティティを託せるか。

CMに求められてきた役割は、実は何も変わっていない。これまで語られてきた原則や鉄則は、今も有効だ。そうした基本的で本質的な機能が、最新の技術や科学により、誰でもはっきり認識できるようになったに過ぎない。しかし、そういった環境はこれまで以上に、CM制作に研ぎ澄まされたプロセスとマネジメントを迫ることになるだろう。

視聴者の示す真実に目をそむけることはできない。

むしろ、データが示す真実と自らの認識を同調させることで、CMクリエイティブの奥深くへ歩を進めていくことが可能になる。それこそがCM科学の醍醐味だ。

「一五秒フォーマットでできること」のまとめ

本章では、脳波も含めたアテンションの計測から得られた知見をもとに、一五秒というフォーマットで、広告としてのCMに何ができるかを考えた。

オウンドメディアやアーンドメディアの考え方と、ペイドメディアによる広告施策としてのテレビCMは、求められる要件や効果が違う。投下する費用は、メディアの価値とクリエイティブの質の掛け合わせの結果として「視聴者の注視時間」として問われる。

CMのクリエイティブは、広告主が一〇〇%コントロールできる領域。そのためには、テレビがどう見られているかという知見と、CMフォーマットの持つ特性や限界を、十分に知っておくことが前提となる。

CMで「何を言うか」という点については、徹底的に削ぎ落として磨き上げて、最終的には「超シンプルなプロット」にまで落とし込むことがポイント。「どう言うか」という点については、小手先の刺激や一時的なギミックに走らず自社の「文体」をしっかり議論して、自覚していくべきだ。

そのうえで、ターゲットのアテンション傾向や、脳科学的な知見を踏まえた一五秒の設計を行えば、投資効果の高いクリエイティブへの道が開けるはずだ。そうした工程を経るという経験値が、大切である。

Ⅱ

注目量でわかるCM効果

大橋 聡史［著］

インタビュー

コミュニケーションのエキスパート集団に訊く クリエイティブ・マネジメントにおけるデータの可能性

コミュニケーションのエキスパート集団に訊く
クリエイティブ・マネジメントにおけるデータの可能性

マーケティングコミュニケーション機能に特化し、複数の事業会社を横断的にサポートする、いわば「コミュニケーションのプロ集団」とも言える会社をホールディング会社の傘下に置く例が国内にいくつかある。株式会社リクルートコミュニケーションズのマーケティング局コミュニケーションデザイン部はその代表的な組織の一つで、さまざまなサービスを担う事業会社の広告宣伝やマーケティング活動を、専門知見で発展させていくことをミッションとしており、先進的なアプローチにも積極的に取り組んでいる。

そうしたエキスパート機能を高めていくために、テクノロジーの進化で得られるデータとどのように向き合うか。また本書で紹介しているニューロサイエンスの知見や、AI値の測定による視聴者の注視行動データなどがもたらす可能性について、同部のマネジャー細貝智博さんと、マーケティング担当として各種のデータ分析と活用を担っている登山慎之助さんにお話を伺った。

（聞き手：大橋聡史）

コミュニケーションのプロとしての役割

大橋 早速ですが、御社の役割と、それを果たすために事業会社にはないどのような取り組みをされているのか、簡単にお聞かせください。

細貝 私たちは横断組織としての特徴を活かし、各ブランドが実施した施策の結果を横串で統合・分析して、知見やノウハウを貯めて独自のケーパビリティ開発を行っています。それにより、事業会社に対してよりよい成果に導いていくような示唆を提供していくことを役割としています。

クリエイティブに関する評価についても、過去の成果を解析し、クリエイティブのどの要素によって、どのような結果が得られたのかという相関関係を、独自の方法論で分析し蓄積しています。ですから、新しくクリエイティブ開発をする際にそうした客観的な知見を活かし、企画A案はこのブランド指標に対して効果的、企画B案はこういう効果が期待できる、というデータ分析ができます。そのうえで、目的に合致する効果をもたらす案を統計的に導いていくような独自のクリエイティブ事前調査手法を開発し、実際に活用しています。

ただそうした意思決定の中で、たとえばAというブランド指標を満足させるクリエイティブを選んだときに、本当はBのブランド指標も副次的に高めておくべきなのに、Aに力点を置くあまりBが損なわれてしまうことがあります。このような場合にも、クリエイティブの複合的な構成因子と、満足させるべき指標の関係性を蓄積して解明していくようなアプローチを続けていくことで、より効果的に働くクリエイティブの在り方を追求しています。

大橋 データに基づいた、非常にロジカルで緻密なプロセスを積み重ねているのですね。

細貝 その根底に、ブランドに対する意識があることも言及しておきたいですね。ブランドを毀損しない、ブランド価値を高める。こうした視点もあわせて、適切なガイドラインを提示していくのが我々の役割です。ブランド価値の定義として、アクションにつながるブランドの在り方を導くことを意識しています。

登山 私はマーケ担当として、さまざまなデータの分析を行っています。文字通りデータになる部分は誰が見てもわかります。しかし、ブランドやクリエイティブに関しては、データとして表すことが難しく、みんながどう納得するかという点で、どうしても扱いにくい対象になってしまいます。

大橋 クリエイティブについては、データのような客観指標としては共有できません。それでも実際の意思決定においては、決してまとまらないわけではなく、みんなが納得して合意に達するという瞬間は訪れるものです。共有した目的に対して、これなら行けそうだな、と思う瞬間ですよね。

細貝 「なんかこれ、行ける気がする」っていうのは絶対出てくる。ただしそれに対して、「じゃあいいよ」とは言いにくい現状がある。データで検証もできないものをジャッジすることは難しい。ただ、なぜその視点が出てきたのか、そこに迫って、構造化して、仮説をもって解読していくという姿勢とアプローチは必要です。「なんかいいよね」で終わらせない深掘りが大事なのです。

「無意識のデータ化」がよりよいクリエイティビティを生む

大橋 本書でも触れていますが、ニューロサイエンスとAI値の計測が、ユーザーの反応の実像を明らかにしています。こうした生のデータに触れてみて、いかがでしたか？

細貝 これまでの調査や指標と一番異なっていておもしろいと思ったのは、「無意識」という部分です。調査というフレームでは絶対に取れなかった部分なので、非常に学びがあります。これまで我々が行ってきた独自のクリエイティブの事前調査と、AI値で明らかになる無意識の反応が掛け合わさることで、より一層、的確な示唆が導かれていくのではないかと思います。

登山 ウェブの意識調査のような従来の手法の限界を超えて、どのシーンがどう効いたのかなど、自然な状態での反応を知ることで、得られる知見は今まで以上に広がると思います。

大橋 先ほどの、クリエイティブの企画に対して「行けそうだ」というみんなが「響く」感覚も、実は無意識的に共有されていたものが、ある企画によって刺激された瞬間と捉えることができると思います。いわゆるクリエーターの経験と勘には「確かにそうだな」と誰でも腑に落ちる、ある種の「真理」らしきものが含まれています。ニューロやAI値で見えてきたことも、実はそうした誰もが腑に落ちることと何もずれてはいないんです。

しかし、そういう腑に落ちるはずの部分が明確に言語化できないばかりに、往々にしてプロセスの中でそういう部分を見失ってしまうという現実もある。

登山 なんとなく思っていたこと、感覚的にわかっていたことが、データ化されることによって記録として残り、ストックできるのはいいことですね。今までデータ化しにくかったクリエイティブ評価の中で、AI値などでデータ化される部分が出てきたことは非常に貴重です。よりよいクリエイティビティを発揮するために活用すべきだと思う。まさに僕らの役割がそこにあります。

感覚的な領域でやっている人たちと、反対にデータを追っている人たちの両方に納得してもらって、みんながまとまるための共通言語になっていくのではないでしょうか。

「再現性」と「汎用性」のためにチームをまとめていく

細貝 一つのジョブを巡って、個別チームとしてのまとまりを高めていくことが重要なのですが、その延長に僕らの大きな役割があります。キーワードとして挙げると「再現性」と「汎用性」です。

同じような効果をもう一度導くためには何を追求すればいいのか、そしてその成功法の何がほかのブランドにも展開できるのか。そうしたタテとヨコの拡張をしっかりとやるという役割と責任を負っているのです。その意味では、直接関わっている業務に限らず、一人ひとりが「何かいいよね」の本質を日頃から拾う努力をすることも大事だと思います。

大橋　「何かいいよね」は無意識からのサインとも言えます。それは決してつかめない闇の中にあるのではなく、単に言語化し馴れていないだけ。でも丁寧に自分自身のインサイト（内部洞察）をしていけばたどり着けるものです。実際の仕事の場面では、データのほうが伝達効率は高いから、言語化しにくいモヤモヤを議論する工程を取り入れるのは難しいのかもしれません。でも、「再現性」「汎用性」を見出していこうとするときに、無意識的に共通項としてみんなが感じていることを言語化して、リアルなデータと照らし合わせて検証していき、セオリーにまで持ち上げていくような作業は、非常に大事だと思います。

細貝　そうですね。世の中一般に対してアンテナを高く立てていく必要がある。なぜそのCMは高いAI値を示すのか？　そういう考え方が、いろいろ迷ったときの引き出しになると思う。それは専門部隊としての役割であり、さらには仮説を作るときの武器にもなると思います。

大橋　クリエーターがやっていることも同じで、世界の優れた表現とそれによる人々の反応を見て蓄積して、自分の引き出しを形成している。観察と分類、その応用という意味では、プロセス自体は科学的。これはみなさんの今までの話と同じ。ユーザーのリアルな反応がデータになって誰にでも扱いやすくなったことで、ユーザー反応をハブに、クリエーターとマーケターが共通認識にたどり着きやすくなる状況が生まれてきていると言えるのではないでしょうか。

細貝　これまでに入手できるデータだけでは、実態として生じていることをすべてつかむことはできず、まだまだ水漏れしていました。でも、そこにテクノロジーが掛け算されて、漏れていた分がキャッチできるとしたら、真っ先に着手し活用すべきことだと思います。テレビもデジタルも統合的にクオリティマネジメントしていくためには、これまで以上に、関わるメンバーが一つのチームになっていかなければなりません。そのために使えるデータを我々が見出し、ハブとして、すべての関係者を一つにつなぎ、しっかり振り返りまで共有していくこと。それが大事です。そうすることで初めて、「次にこうしたい」というチーム一丸となったアクションにつながっていくのだと思います。

III

注目量を集めるクリエイティブ

川越 智勇［著］

第6章

科学的クリエイターの時代

データなくしてクリエイティブはない

データはクリエイティブの敵か

数字はつまらない？

この章からは、広告の創り手であるクリエイターの視点を入れつつ、キャンペーン構築やCMのなど表現アイデアの発想や制作といった、実際の広告実務に最新のサイエンスによるデータがどのような影響を与えていくかについて考えていきたい。

広告クリエイターの仲間内での会話などからすると、彼らの大半は調査による「データ」や、広告にまつわる「サイエンス」が好きではない。クライアント（広告主）や社内のストラテジストが数字を振りかざして、「自分の発想したおもしろいアイデアを否定し、CMなどの広告表現をつまらないものにしてしまうから。」というのがその主な理由だ。

さらに、「調査なんて特別な環境でやるんだし、どうせ対象者も意識して建前然とした答えをしちゃうものだから、「データなんて信用できない。」などと調査のバイアスをやり玉に挙げて批判する人もいる。

おそらく、本書で取り上げているような、CMにまつわるサイエンスとテクノロジーによって得られるデータについても、広告クリエイターたちは端から距離を置いて無視を決め込むか、自分の産んだ大切な子どもであるおもしろいアイデアの敵だと睨みつけるのではないかと思う。

データによりアイデアの必要性が増す

もったいない。待ってほしい。サイエンスやテクノロジーは、つまりデータは、アイデアの敵ではない。むしろ、おもしろいアイデアがもっと豊富に必要だということが、最新の分析によってわかってきている。

さらに、アイデアをもっとおもしろいものとしてCMの表現に定着させることにも役立ちそうなのだ。これについて、次のページから一つの分析方法を取り上げ、詳しく見てみよう。

CMの賞味期限

おもしろいアイデアが必要な理由

なぜおもしろいアイデアがもっと必要なのか。それは、視聴質データ（たとえばアテンション＝視聴者がどれだけCMに注目しているか）を、一つのCM表現について時系列で見るとわかる。基本的には、CMのオンエア開始からどんどんアテンションの獲得量は少なくなっていく［図6－1］。

視聴者は何回かCMを見るうちに慣れてしまい、刺激を感じなくなり、注目しなくなるのである。つまり、CMの敵は「飽き」ということになる（もちろん、内容によっては数カ月にわたってオンエアしてもアテンションが維持できるものもある）。

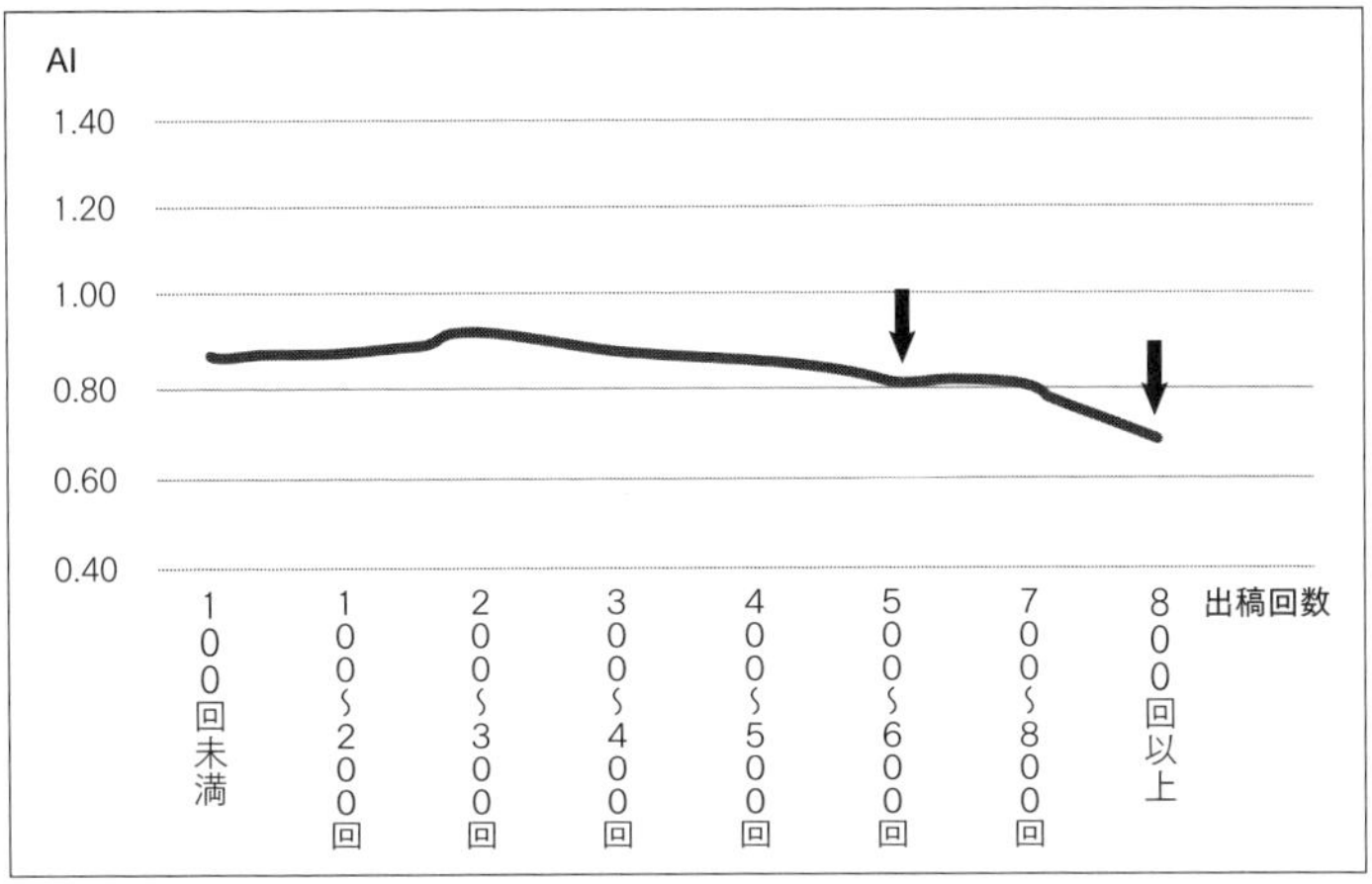

図6－1　あるCMの投下GRPと獲得GAPの推移

いつ「見飽きた」と思われるのか

仮にCM一素材で展開したキャンペーンだとしよう。投入期間ごと、あるいはフリークエンシーごとに獲得GAPを見ていくと、獲得効率が落ちるポイントが出てくる。そこがそのCMに対する「飽き」の出てきたタイミング、つまり「CMの賞味期限」である［図6－2］。

もし、賞味期限を過ぎてもCM投下が多大に行われるなら、キャンペーンとしては非効率な投資をしていることになる。繰り返しになるが、このような場合はCMを別素材に変えて「鮮度」を維持するか、そもそもの投下量を見直し、ほかの手法へ振り分けることを考えるべきである。

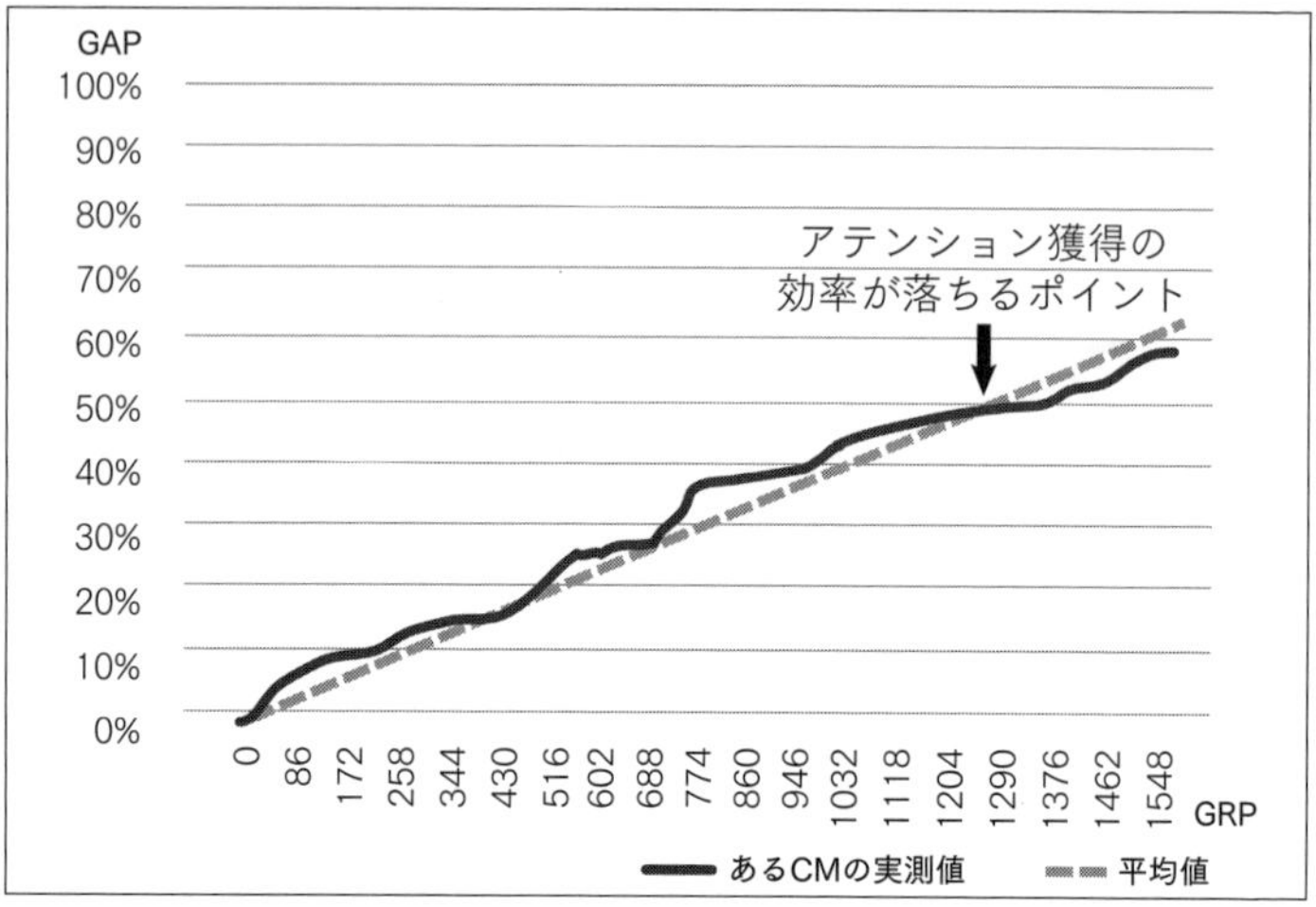

図6－2 出稿回数ごとのAI値の推移(CM全体)

一方で、賞味期限切れが来ていない素材については、長期使用することでより効率的なキャンペーンにできるかもしれない。

賞味期限のタイプ

目的によって変わる評価

この「CMの賞味期限」は当然、キャンペーンごと、CM素材ごとに違う。投下量によっても変わるし、素材そのものにも短期のアテンション獲得向きのものと、長期使用に耐えうるものがある。

改めて、第一章で紹介したCMのオンエア一週目とそれ以降でのAI値をもとに、九種類に分類した図を見てみよう［図6－3］。も

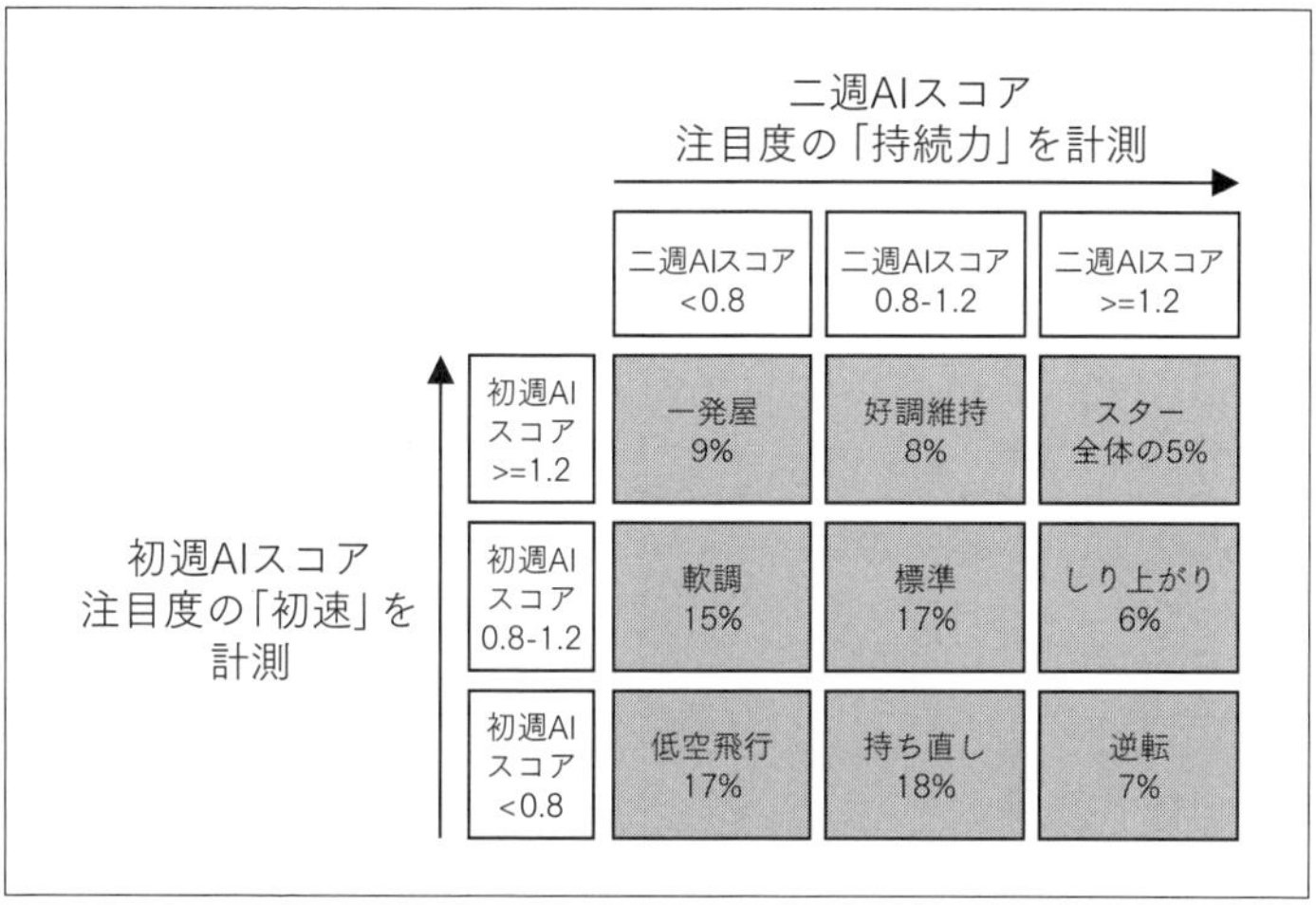

図6−3 AI値の推移をもとにしたCMの分類（AIのマトリクス）

ちろん初速も持続力も高いもの（＝スター）が望ましいが、キャンペーンの目的によってCMの良し悪しは変わってくる。短期での認知獲得なのか、長期のイメージ形成なのか、あるいは業界の特徴やブランドの位置付けに合っているのか、といったことを見ながら分析していく必要がある。

たとえば、少量のGRPで短期の認知獲得を目的としたキャンペーンであったら、「一発屋」の分類であっても構わないはずだ。実際ここに分類されたある外食ブランドのCMは、期間限定メニュー名を印象的に連呼するものであった。短期間で注目を集めたいというキャンペーンとしての目的には適したものだと言えるだろう。

徐々に獲得アテンションが高くなる「逆転」に分類されるものには、あるIT企業のCMがあった。直接的に商品機能を訴求するのではなく、コラージュ的にユーザーのシーンを組み合わせた構成のもので、最後にブランドロゴが出てくる。おそらく初見では何のCMかはわからないが、全編見ることでCMとブランドとの結びつきができ、以降何度か接触したときに注目することになったのではないかと思う。中長期のブランドイメージ醸成を目的としているならば、このCMは理にかなったものだ。

目的に合わせて注目度の推移をチェック

目的に合致するキャンペーン（＝CM素材とメディアプランの組み合わせ）を実現するには、そもそもキャンペーンの目的をしっかり設定しておくことと、注目度の推移を想定してキャンペーンプラン（＝CMの内容と時系列でのメディアの露出量）にGOを出すことが必要になる。

そのためには、少なくとも同業界内の競合ブランドや自社の過去の展開について、CM素材とメディア露出実績に加えてアテンションを把握・比較して判断材料を持っておくことが必要だろう。

データが「おもしろさ」を保証する

このように、CMへの「飽き」がある限り、常に新しいアイデアの投入による刺激が必要ということになる。「飽き」を明らかにする視聴質データは、クリエイターにアイデアの「鮮度」を要求する。機会を奪うものではないのだ。

自分の創ったCMに自信のあるクリエイターにとっては、自作とほかのCMとの注目度の差が客観的なデータとして計測できることも喜ぶべきだろう。自身の企画や演出によい視聴質という結果が伴い蓄積されていけば、その後の活動はやりやすくなるはずである。広告賞を取ることには批判的な向きもあるかもしれないが、よい視聴質を得ることはクライアントのビジネスにとって間違いなくプラスだからだ。

また、視聴質データは、クリエイターのCMの創り方を広げることにもなるのではないかと思う。CM表現の一秒ごとのアテンションのデータは、どのカットが注目されているかを明確にする。自作のCMの視聴質データを細かく見ていくと、視聴者にとってCMの「どこがおもしろいのか」を知ることになる。見てほしいカットが効いているのか、そうでもないのかを知ることは、自作の「おもしろさ」を増す一助になるはずである。

ＣＭ制作は新局面へ

人間のリアルな反応を認めよう

「調査はよそ向きの回答をしちゃうから、事実じゃない」というこれまでの効果測定や表現調査に対する批判には、うなずける部分もある。しかし、本書で触れている視聴質データは、回答するという行為なしに測定されるものである。

ＡＩ値は、リビングをカメラでモニターし続ける仕組みで、調査対象者は普段の生活同様、テレビを見ているだけでデータの計測がされる。いわば、リビングの「素」の状態が自動的にデータになっているのだ。ニールセン ニューロはそもそもが脳波を測定するもので、人が自分の意思で回答することはない。ＣＭという刺激に対する「無意識」の反応を測定しているのである。これらのデータに対して、調査はしょせん調査、という態度を取り続けることは難しい。

それでも、データなんか必要ないというクリエイターもいるだろう。しかし、（脅かすようだが）クリエイターがいかに最新のデータやサイエンスに背を向けようとも、周囲の環境がそれを許さなくなっていくのではないかと思う。

まずテクノロジーの進化と、それがもたらすサイエンスの進化は止められない。現状の技術はより精緻化され、新しい技術によるデータ取得の方法も増えるはずだ。購買データなど複数のデータの関連性を分析する流れももっと加速する。それに伴って、広告の投資効率を高めるためにデータを活用していく広告主は増えこそすれ、減ることはないだろう。

CMはデジタルと比べて「効かない」？

CM以外のコミュニケーション手段が増えていることも、CMにさらなるデータ取得と効果の可視化を求めてくる。そもそも、トータルな広告効果の最大化を狙うには、すべての広告手法の効果を横並びに比較することが前提となるからだ。

昨今見られるほかのコミュニケーション手法に比べて「CMが効かない」という論調も、効果の可視化に対するニーズの発露なのではないかと思う。これまで、特にデジタル広告

(ウェブ/モバイル広告)の伸長により、CMの効果が疑問視される風潮が高まってきた。

インプレッションやクリックなどで効果を測定しやすいデジタル広告に対して、CMの効果測定は変わらず視聴率と事後調査。これでは比較しようにも難しい。ゆえに現在のところ、CMとほかのコミュニケーション手段との影響度の差を把握することは実務上で行われていない。若年層の視聴率低下などから、実態を把握することなしにイメージとして「CMが効かない」ということになっていたのではないか。「CMが効かない」のではなく、「どれくらい効くのかわからない」というのが正確なところなのだと思う。

効果測定の進化でCMも進化する

こうした、CMの効果を可視化したいという欲求に、GAPのような視聴質データは一つの有効な手段となりうる。ひいては、ほかの手段との比較において「CMは効く」という冷静な判断がされるのではないだろうか。筆者の実務上の感覚では、少なくともリーチを広げるパワーにおいては、CMを凌駕するコミュニケーション手法はない。視聴質が効果を可視化することにより、CMを再評価することになるのではないかと期待している。

悲観することはない。データやサイエンスは目的ではない。手段である。要は使いようだ。今後クリエイターは、CMの「鮮度」をデータとして把握して複数のCM素材あるいはほかのコミュニケーション手法を組み合わせていくことで、常に広告対象(ブランド)を刺激的な存在であり続けるようアイデアを発想し続ける役割を担っていくことになる。

もちろん、おもしろいCMを考えるという根幹があってこそだが、その役割の進化もまた、サイエンスと同様、止められないものなのではないだろうか。

広告主におけるサイエンス

広告主にとって、もちろんCMに関するサイエンスは有用だ。広告は投資なのだから、よりよいリターン模索のためにも、広告効果をさまざまな指標で把握できるようになることは歓迎すべきだろう。視聴質データによって、メディアとクリエイティブの両面からよりよい打ち手を構築することと、その結果としてキャンペーン全体のパフォーマンスを向上させることが期待できる。

クリエイターと広告主の付き合い方で考えると、昔から広告制作過程でよく見受けられた「クライアント（広告主）としての言い分」も見直しを迫られるかもしれない。

たとえば、「せっかくのCMだから、あれもこれも言いたい」といった露出欲や「あちらの顔を立てて、これも出さなければいけなくなった」というような社内事情がもたらすCMの中の情報過多には、消費者の厳しい反応を示すデータが待ち受けているはずだ。

CM効果のブラックボックス

当然だが、事前に合意されたプランにもとづいてCM表現は創られ、メディアプラン通りに投入される。その結果を効果測定することで、CM認知度や好意度、ブランド認知度やイメージで把握するという流れになる。ということは、テレビCMの投入量であるGRP（および実際に獲得できた総視聴率＝アクチャル）、つまりテレビの画面に映ったCMの総量と、事後調査で計測される視聴者の記憶の間はブラックボックスである［図６－４右］。

視聴者の記憶である認知やイメージの形成には、CM以外にもさまざまな要因が影響するのは言うまでもない。CMの影響度が測れないというのがこれまでの課題であった。この流れが、新しいデータであるGAPによって変わる。

DI社が提唱しているGAPは、投下されたCMに対して、どの程度実際に目を向けられたか（＝アテンション）の獲得量である。GRPが「メディア投入量」であることに対して、GAPは「コンテンツ到達量」と言える［図6－4左］。

GRPと認知度の中間にある指標としてのGAPを把握することで、CMのクリエイティブ力およびメディアアプランの妥当性（効率的であったか）を検討するのである。

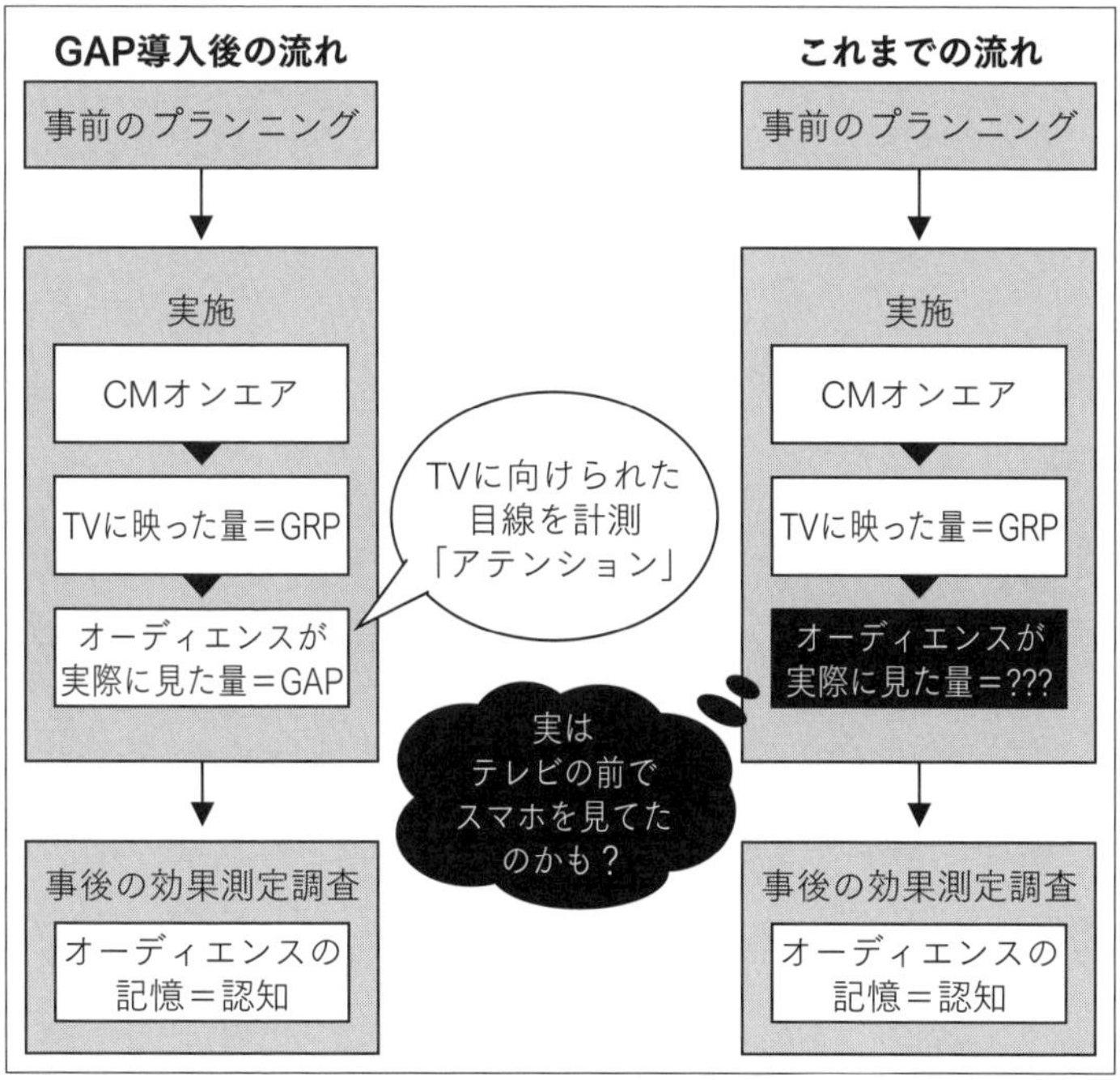

図6－4 GAPでブラックボックスをなくす

科学的クリエイターについてのまとめと、第三部で考えること

本章では、CMの効果に関する新しいデータ指標の登場が、どのような影響を及ぼすかについて概観した。

視聴者の「素」の状態での注目度＝アテンションを把握する手法により、CMの「鮮度」を知ることができる。広告効果を最大化するために、CMの送り手には常に新しいアイデアを視聴者に届けることが求められる。

CMに対する注目量であるGAPは、CMがどれだけ届いているか、いかに「効いている」のかを明らかにする。この指標の導入が、CMのコミュニケーション効果を見直すことにつながってゆく。

CMについての新たなデータ指標は、広告主や広告会社、プロダクションなど、それぞれの立場におけるこれまでの仕事の進め方の再考を促していくことになる。

次章からは、進化し続けるサイエンスをどのように広告実務に使っていけばよいのかを考察する。実務の流れに沿うように、キャンペーン全体のマネジメントから個々のCMづくりまで、どのようにサイエンスを取り込んでいくべきかということについて、次の流れで考えていきたい。

第七章

個々のCMを秒ごとのアテンションで分析し、視聴者の注目を獲得する要因を探る。

第八章

「男女脳プロジェクト」で得られた脳波測定データを見ながら、さらに細かくCM表現について分析し、無意識に働きかけるための方法論について考える。

第九章
アテンションや脳波の測定データから得られた知見をもとに、CM制作における新しいゴールデンルールを模索する。

第一〇章
視聴質データ（GAP）がキャンペーン全体の流れを変える可能性があることと、新しいキャンペーン・マネジメントの形について考える。

第一一章
今後のクリエイティブ実務とサイエンスの関係および課題、進化の方向性について考察する。

視聴質データ取得を始め、CMを取り巻く新しいデータ活用は今まさに始まったばかりだ。まずは現時点で判明したポイントや仮説を本書でできる限り伝えることで、今後起きていく広告コミュニケーション実務変革の足がかりになることを筆者は願ってやまない。

III 注目量を集めるクリエイティブ

川越 智勇［著］

第7章 実例から読み解くCMアテンション

演出やタレントと注目の関係

さらなる視聴質の探求

実際に何が効いているのか

視聴質とは「メディア×クリエイティブ＝キャンペーン」の到達度を計測しようとする概念である。その質の向上のためには、ＣＭのクリエイティブの質を上げ、よりアテンションを獲得できるようなものにしていかねばならない。そのためには、ＣＭの何がアテンションを得ているのか、あるいは何がアテンションの獲得を阻害しているのかを知ることが必要だ。ＡＩ値やＧＡＰといったアテンションのデータについて、キャンペーン・マネジメントの視点ではＣＭ全体（一五秒や三〇秒）のものを取り扱うが、そもそもは一秒間の注目率のデータである。この一秒ごとのＡＩ値をＣＭ素材の評価に使うことで、より注目度の高いＣＭづくりにつなげていくことができる。

この章では、実際にオンエアされたＣＭの一秒ごとの注目度を見ていく。データとＣＭ表現を照らし合わせることで何が「効く」要因なのかを考察する。

本当に効いているカットはどれだ

秒間アテンションでは演出の影響がわかりやすい

通常CM制作は、オリエン後に企画を提案し決定を受け、演出プランの検討に入る。企画案が大まかな設計図や脚本のようなもので、演出プランは実際の秒割やカメラワークを精緻にしたものだ。演出プランづくりから撮影や編集などを経てCMが仕上がるまでの実務の段階を、一般的に「演出」と呼ぶ。

現状のところアテンションの分析では、演出面に対するフィードバックをより多く得ることができる。個別のCMについて秒ごとのAI値を見ていくことで、各カットに対する注目度がわかるからだ。そのカットの映像と音声が「原因」、アテンションのデータが「結果」として対応しているのでわかりやすい。

例：あるネットサービスのＣＭ

ＣＭの概要

では、実際のＣＭの秒ごとのアテンションを見てみよう。

［図７－１］は、Ａ社の提供するネットサービスのＣＭ（Ａ－１篇）についての一秒ごとのＡＩ値の推移である。女性向けのサービスのためのＣＭなので、女性層に絞ってチェックすることにする。秒で区切っているため、厳密に編集カットごとではないにせよ、どのカットが注目されているか、あるいは注目されていないかがわかる。

このＣＭは、いわゆる課題解決型の内容になっている。主役の女性タレントが自分の欲求を吐露する。これが課題の提示だ。続いて心象風景の表現であろう歌とダンスのシーンが入り、ＣＭの対象であるサービスを利用することで、解決策が提示される。最後に無事欲求を満たして喜びの表情を浮かべ、ベネフィットの提示がされるという構成である。

注目を集めたカット

まず、カットごとのＡＩ値に着目すると、次の部分が高くなっている。

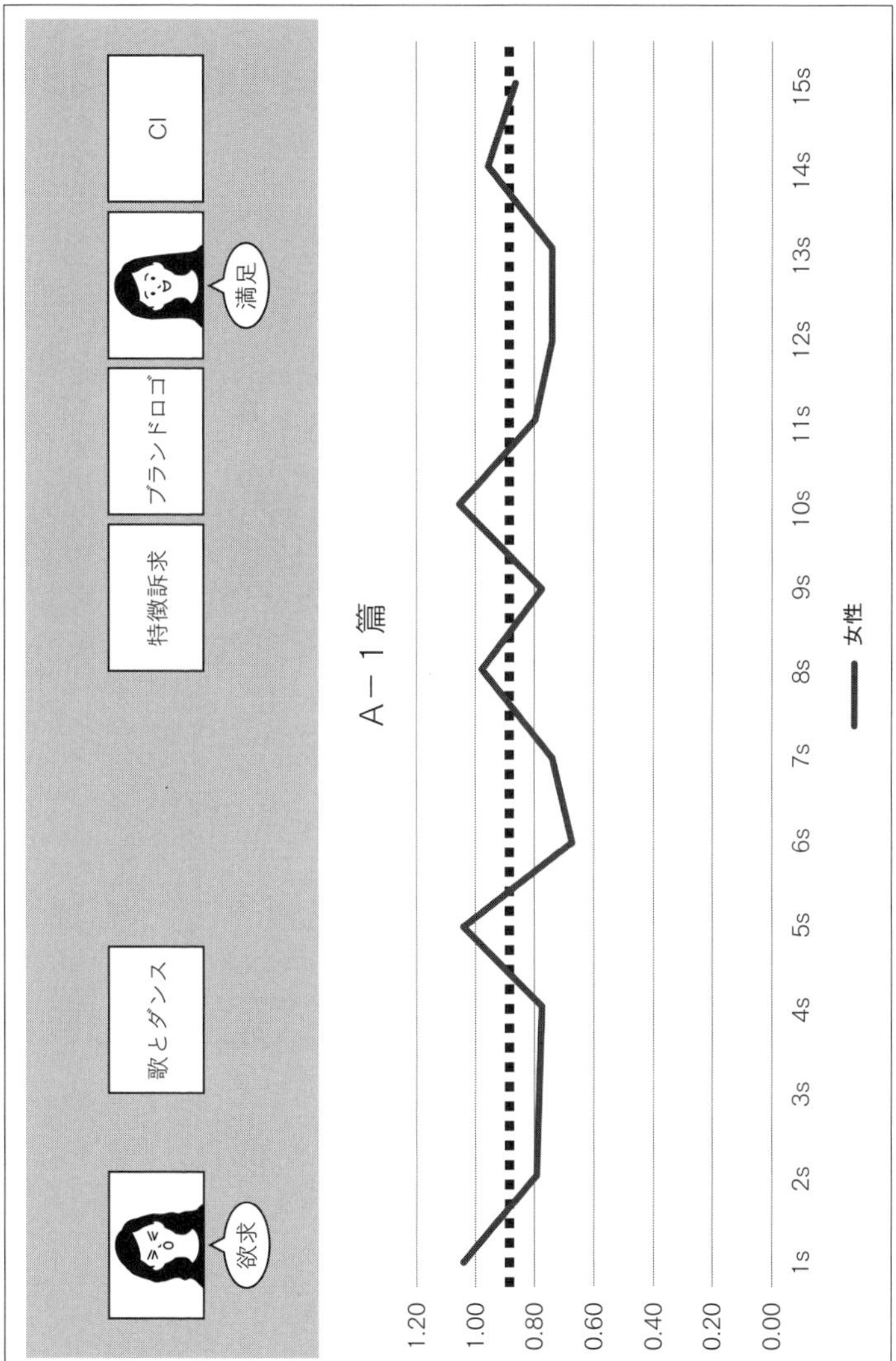

図7－1　あるネットサービスのCM（A-1篇）のAI値推移

①トップカット
②女性が頭を抱えるシーン
③歌とダンスのシーン
④サービスの特長からサービス名称訴求にかけての部分

女性のよくある欲求という課題を出し、解決策を印象づけることがこのＣＭの狙いのはずなので、制作側として印象づけたい部分でしっかりアテンションが取れているＣＭと言えるのではないだろうか。

そしておそらく、キャッチーな音楽とともに展開する歌とダンスのシーンがコンテンツとしての「ヒキ」なので、ここでのアテンションも取れているのは、制作者の思惑通りということができるだろう。

男女の比較

同じＣＭの女性視聴者と男性のＡＩ値を比較したのが［図７－２］である。男女では、注目を集める箇所が異なっていることがわかる。

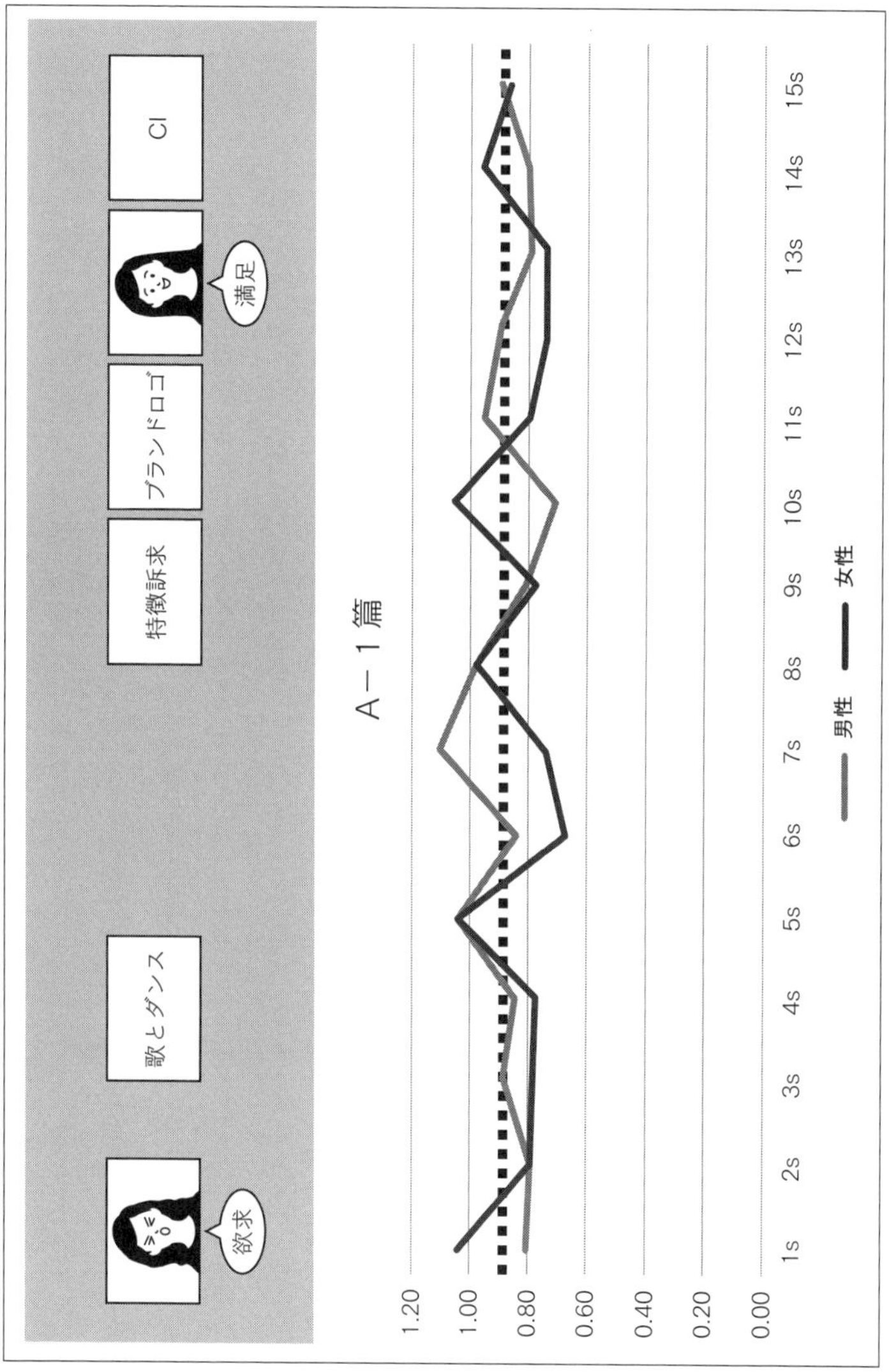

図7－2　女性視聴者と男性視聴者のＡＩ値比較

まず、トップの課題提示の部分で、男性のアテンションは少ない。解決策であるサービス利用の訴求部分でも同様だ。このCMの構成上の軸である、課題と解決策の部分にアテンションがないということは、男性はこのCMは自分向けではないと感じているということになる。

一方で、男性のアテンションが高いのは歌とダンスのシーンと、女性タレントがセリフを言うカットである。どうやら、男性はCMのストーリー的な流れではなく、主役の女性タレントのアップのカットに注目しているようだ。キレイな異性に自然と目を引かれているのだろう。男性に対しては訴求内容へのアテンションが取れているとは言い難いが、このCMは女性ターゲット向けのものとして制作されているので問題ない。

同じ企画フレームでも生まれる差

複数のCMを比較する ～同じ企画フレームでのアテンション差～

同じ企画フレームでも、それぞれのCM素材によって得られるアテンションには差が出る。

［図7－3］は、同じA社の二つのCMのAI値を比較したものだ。AI－1篇に比べると、AI－2篇は全体にアテンションが低調と言える。AI値の平均ラインである〇・九を越える部分がない。

二つのCMを見比べると、「課題提示↓心象表現の歌とダンス↓解決策↓ベネフィット」という構成は同じである。出演タレントも同じで、ダンスや音楽そのものもほぼ同様となっている。

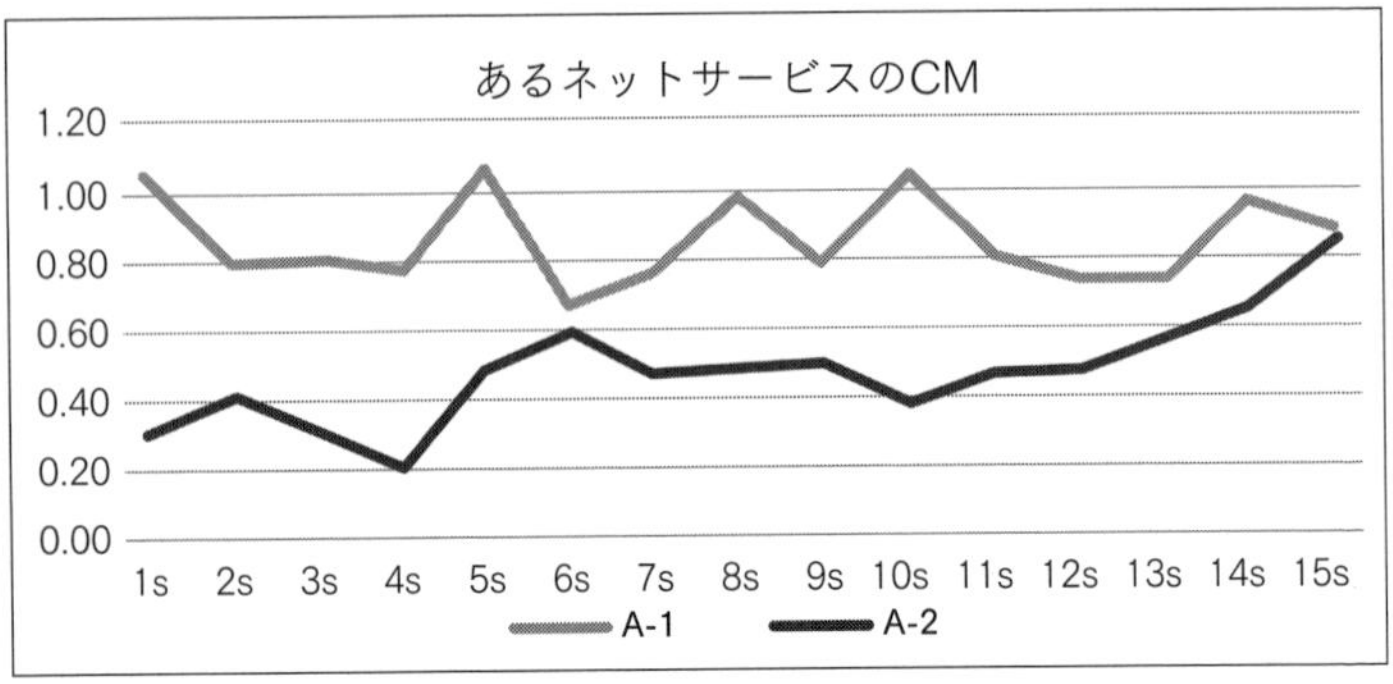

図7－3 同フレームで素材違いのCMのＡＩ値比較

トップの差を取り返すのは難しい

なぜこれほどにアテンションの差が生まれるのか。おそらく、トップの課題提示のカットに違いがあるのではないかと思う。Ａ－１篇のトップでセリフを言う際のテンションは高い。頭を抱える演技もちょっとユーモラスな印象で、課題を印象づけ、その後のストーリー展開につなぐものになっている。

一方、Ａ－２篇のセリフは暗い中でボソッとつぶやくものになっている。この差が、その後の部分でのアテンションの差にもつながっているのではないだろうか。

後述するが、ＣＭコンテンツではトップ部分のアテンションがその後にも影響することがわかってきている。特に、このような問題解決型のＣＭでは、最初の課題提示の部分で注目が得られないと、以降のアテンションも低調になりやすい。最初の課題に興味がなければ、ストーリーを追わなくなってしまうからである。

また、このトップカットのアテンションの差について言えば、演技のテンションだけが原因ではないかもしれない。トップで提示している問題そのものに関する視聴者の興味喚起度が異なる可能性もある。CMにおけるテーマとして何がふさわしいのかということを、サービスの受容度や実際の利用状況などから判断していくことも、その後のキャンペーン・プランニングを進めるうえでは必要だろう。

女性向けのフレームを男性向けに使ったら?

ところで、A社のネットサービスは同ブランドで男性向けにも提供されており、このキャンペーンには同じ企画フレームで制作された男性向けの素材（A－3篇）もある。

［図7－4］はそのA－3篇の男女のAI値を比較したものだ。女性のAI値は、女性向けのA－1篇と同じような傾向が見てとれる。

一方で、男性のAI値はやや低めになっている。男性は冒頭で男性タレントが言う課題に興味が湧かないのかもしれない。あるいは、女性向けのCM素材の印象が残っていて、登場人物が男性に変わっても男性視聴者にはあまりアピールしなかったのではないかとも考えられる。

その点、女性にとっては馴染みのあるCMと同じフレームで、しかも登場人物がイケメンの男性タレントということから、高いアテンションにつながっているのだろう。

このキャンペーンのケースから、CMの企画フレームの複数素材への転用は慎重に考えなければならないことがわかる。ブランド管理の面から考えると同一にするのが正しく思えるのだが、アテンション獲得の見地からするとやり方を工夫していかなければならないということになる。

第一〇章で解説するリアルタイム・キャンペーン・マネジメントの手法を用いて、GAPの累積値を見ながら、特定の素材の投入量を多くするといったことも検討すべきだ。

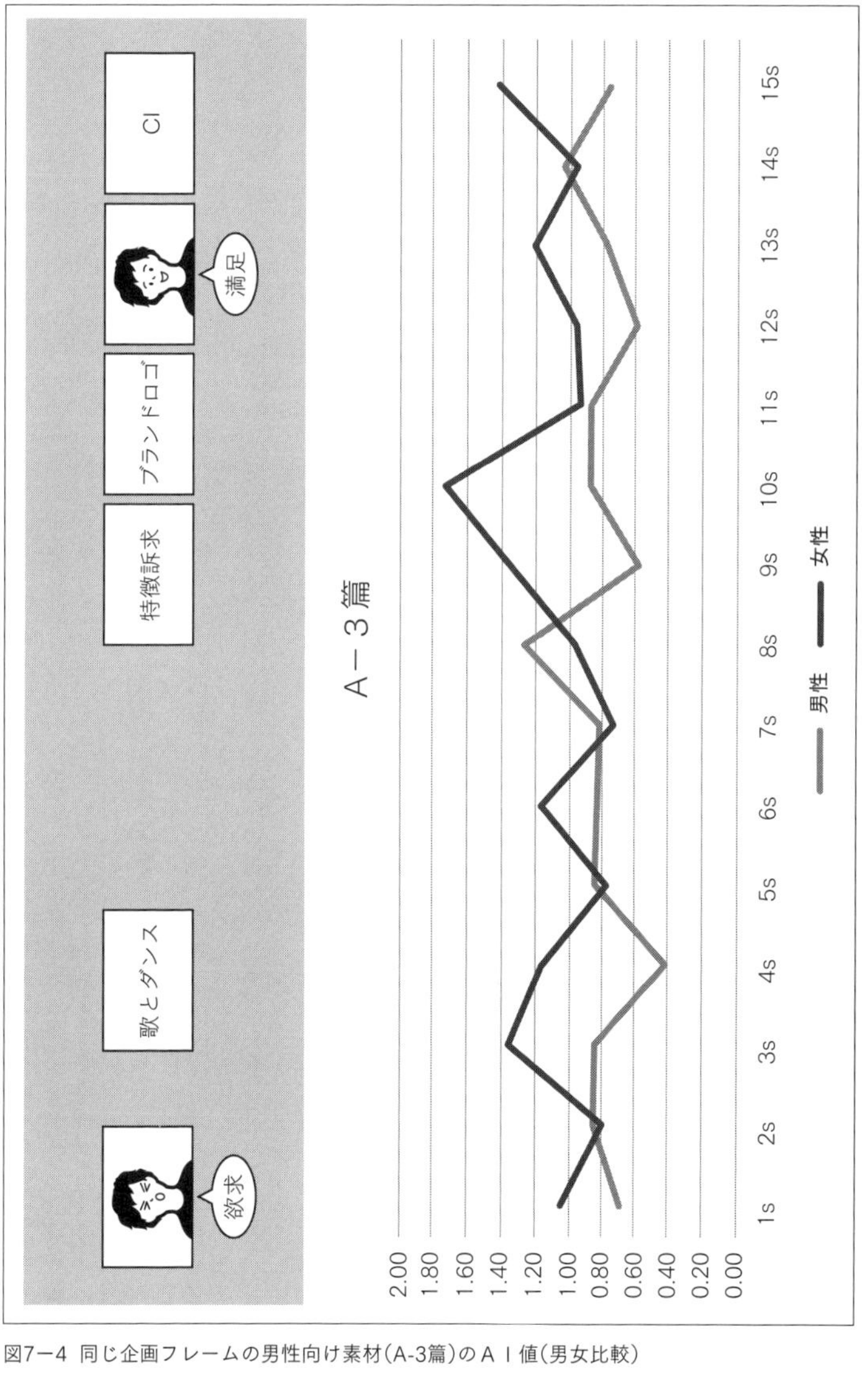

図7−4 同じ企画フレームの男性向け素材(A-3篇)のＡＩ値(男女比較)

賞味期限を長持ちさせた成功例

実例「マウントレーニア ちぐはぐ篇」

ＣＭ展開が長期間にわたる場合、秒間のＡＩ値はどのように推移するのだろうか。

ここでは、森永乳業「マウントレーニア」の「ちぐはぐ篇」のアテンションの実例を見ていくことにする。このＣＭ素材のオンエア三カ月分を分析したものだが、初めの三日間のスポット投下量が全体の約半分となっている、トップヘビーなメディアプランで展開したキャンペーンである。

ＣＭの構成は、俳優が演じる兄妹（小出恵介さんと多部未華子さん）の日常をドラマ的に切り取ったような仕立て（スライス・オブ・ライフ）になっている。兄が庭でハンモックを設置している様子を、妹が部屋で商品を飲みながら眺めているという設定だ。

妹のオフナレ（心の声）を縦軸に、セリフのやり取りが行われる。バックには穏やかな音楽が流れているが、ボーカルが主張しすぎることはない。全体に落ち着いた、心地よい空気感のCMという印象だ［図7－5］。

アテンションの男女差

男性は露出量とともに注目量が減少

まず、男性層のAI値の推移を見てみよう。オンエア開始三日後までと比べると、全期間（三カ月後まで）ではアテンションが低下しているのがわかる［図7－6］。一般的には、このようにアテンションは露出量の増加、もしくは時間の経過とともに低下していくのが普通だ。カットごとに見ていくと、前半の女性の飲用シーンや、後半の液面のシズルのアテンションが比較的高くなっている。商品の登場とアテンションが連動する形になっているのは、広告上よいことである。

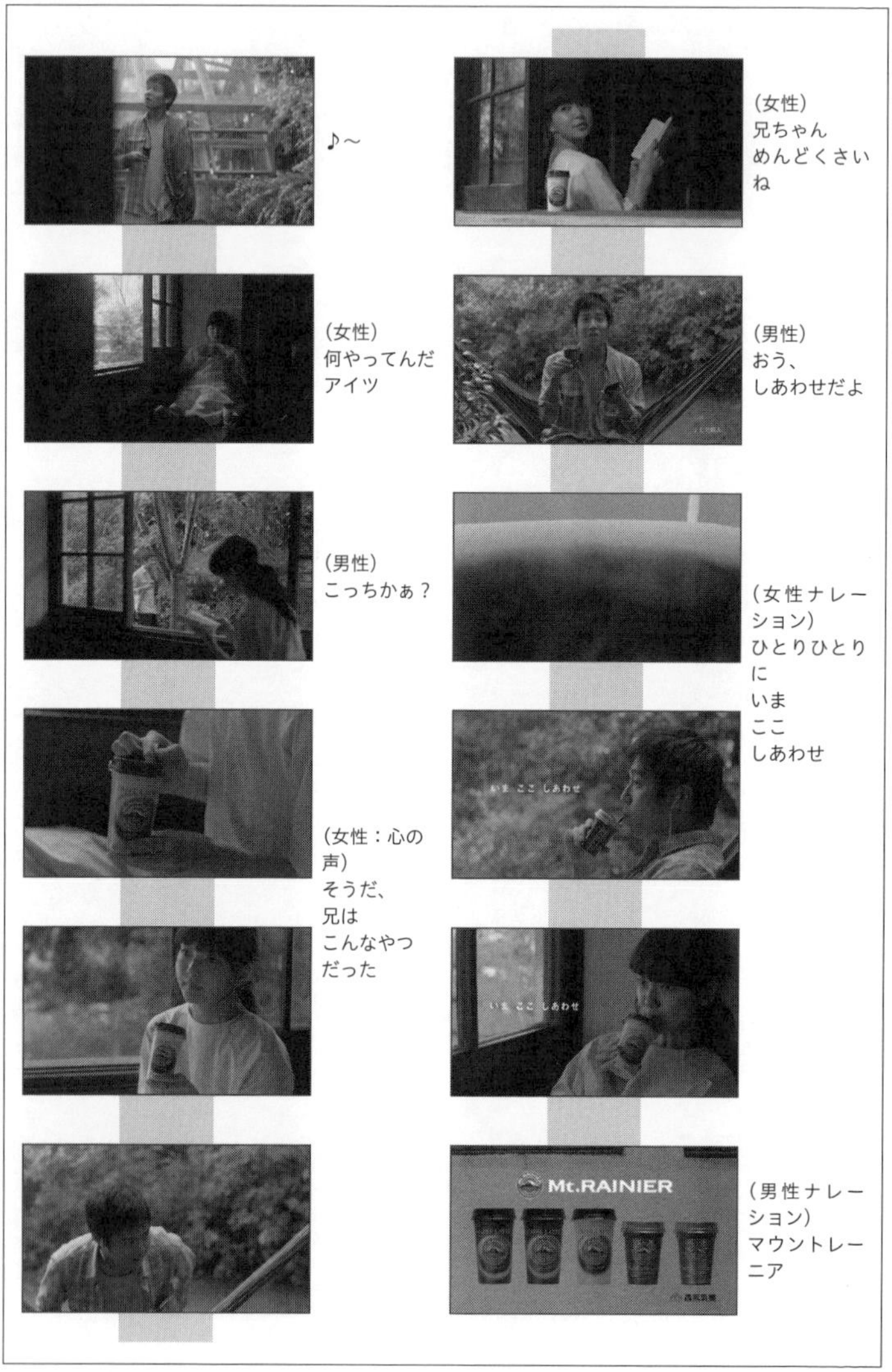

図7−5 森永乳業 マウントレーニア ちぐはぐ篇 15秒

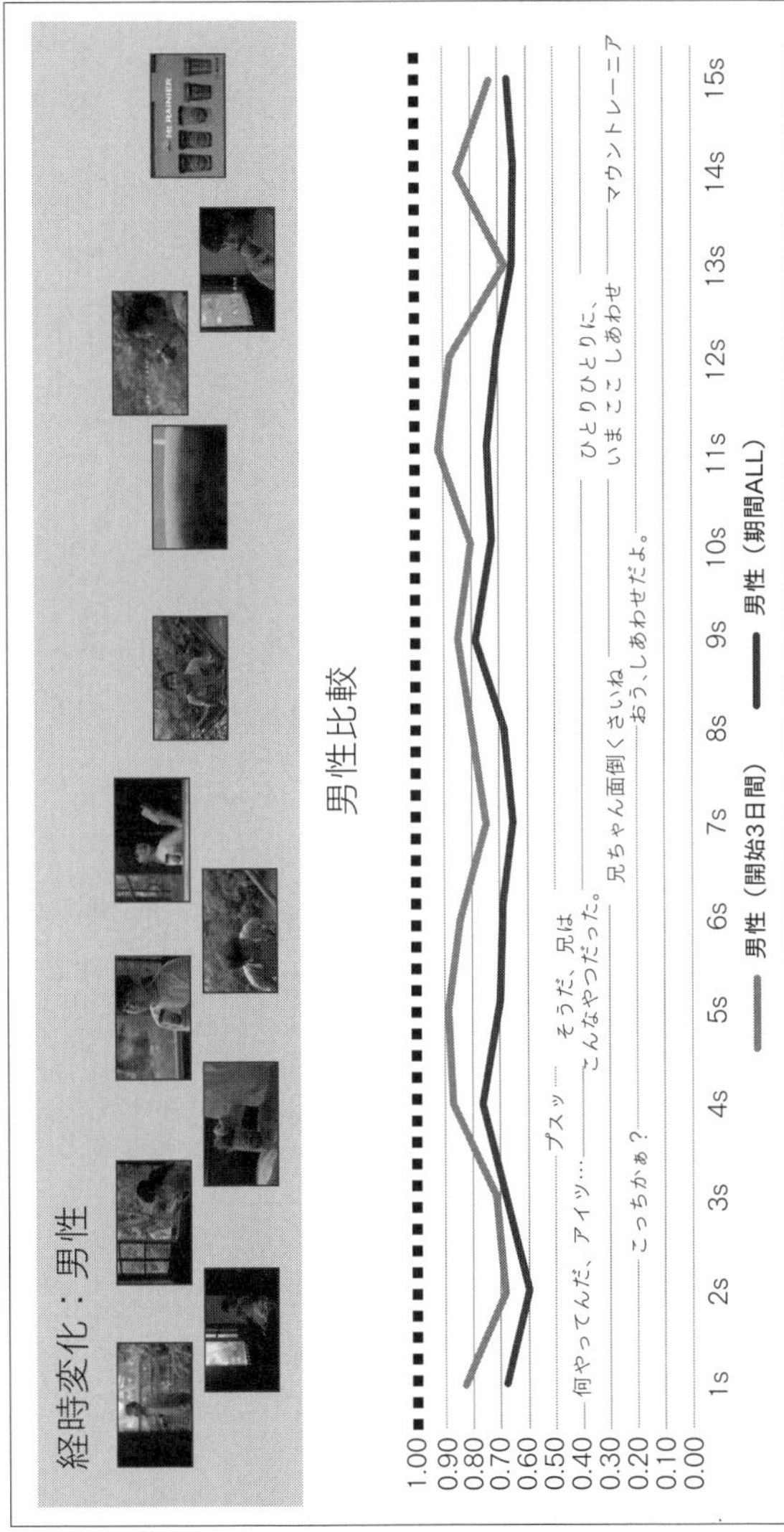

	1s	2s	3s	4s	5s	6s	7s	8s	9s	10s	11s	12s	13s	14s	15s
3日間	0.83	0.68	0.71	0.88	0.90	0.85	0.75	0.81	0.85	0.81	0.92	0.88	0.67	0.85	0.72
ALL	0.68	0.60	0.69	0.76	0.71	0.69	0.65	0.69	0.78	0.74	0.74	0.71	0.66	0.66	0.67

男性/開始3日間：0.81 ↘ 男性/期間ALL：0.70

図7−6 マウントレーニア ちぐはぐ篇のＡＩ値推移(男性)

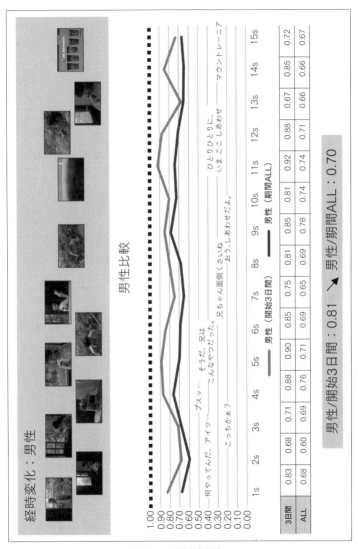

女性への効き目が抜群

女性について見てみると、これは素晴らしい結果となっている［図7－7］。まず、そもそものＡＩ値が全体で一・〇近くと高い。しかも、オンエア開始三日後と三カ月後とで、アテンションは低下するどころか全体で増えてすらいる（スコア上〇・〇一の上昇だが）。

このＣＭは、女性目線で描いていることから、女性が自己投影しやすい。加えて、全体に心地よい穏やかな世界観で描かれている点も好感につながり、時間が経過しても飽きることなく注目を集め続けることになったのではないだろうか。

成功はあくまで目的を基準に

さて、女性ターゲットに限れば、この場合はキャンペーン終了時にもコンテンツとしての賞味期限切れを起こしていないと言える。ブランドの女性ファン層を維持していくのには適した素材である。その後のキャンペーンでそのまま継続使用することも検討すべきだろう。

もちろん、ブランドの課題が男性層の取り込みだった場合、新商品の追加など伝えるべ

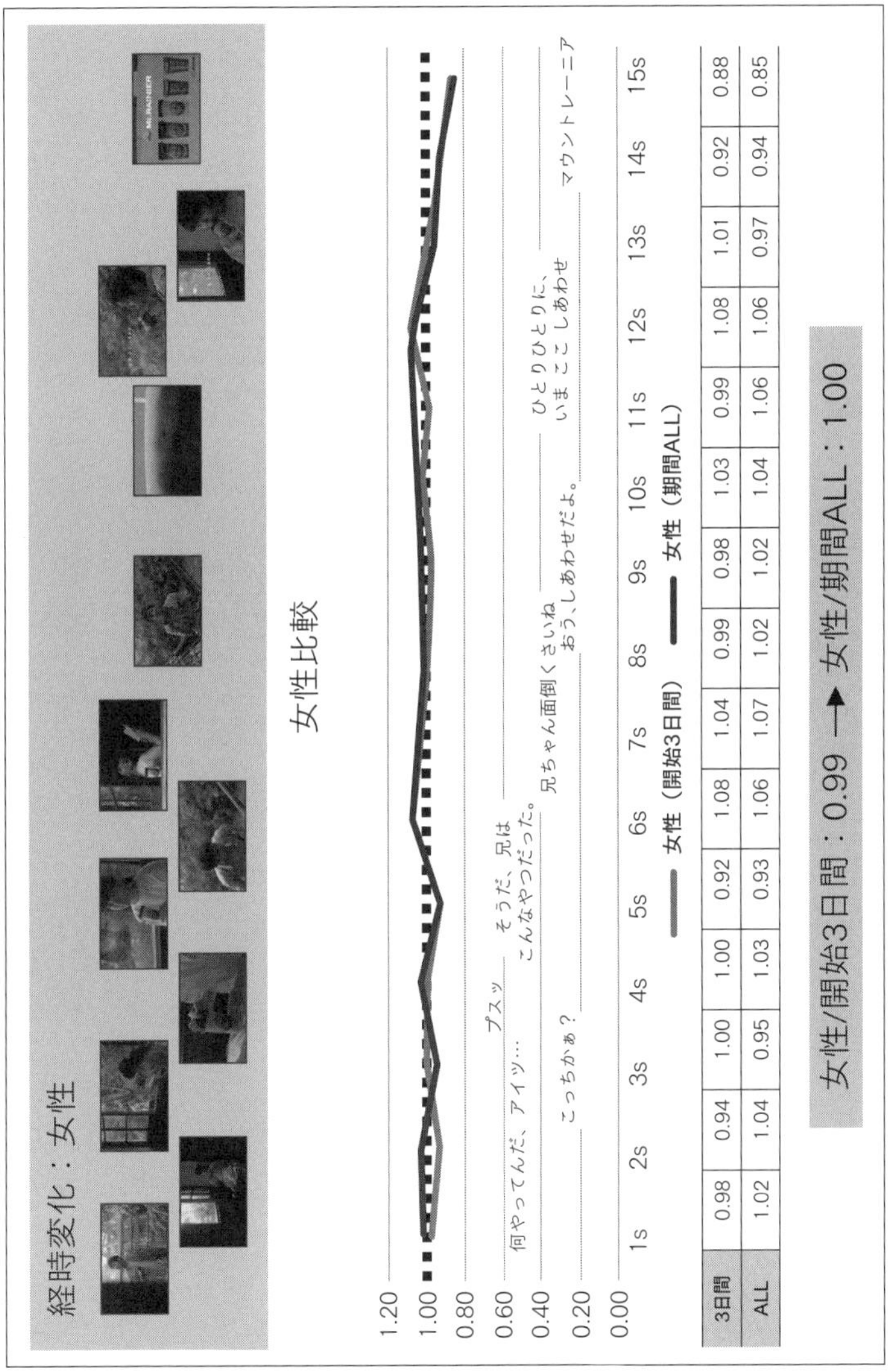

	1s	2s	3s	4s	5s	6s	7s	8s	9s	10s	11s	12s	13s	14s	15s
3日間	0.98	0.94	1.00	1.00	0.92	1.08	1.04	0.99	0.98	1.03	0.99	1.08	1.01	0.92	0.88
ALL	1.02	1.04	0.95	1.03	0.93	1.06	1.07	1.02	1.02	1.04	1.06	1.06	0.97	0.94	0.85

図7−7 マウントレーニア ちぐはぐ篇のＡＩ値推移(女性)

きトピックがある場合には、この素材のよさを継承した新しい素材を作って投入すべきである。当たり前だが、キャンペーン・マネジメント上の判断基準は、アテンションのデータのみに依存すべきではない。すべてはマーケティング活動における目的ありき、である。

アテンション＝インパクトではない

「ながら見」や情報洪水という厳しい環境の中をサバイバルしてオーディエンスに届くこと、つまり高いアテンション値の獲得を目指すとなると、ついつい目立つために「インパクトが必要」と思い込み、とにかくテンションを上げた派手派手しいCMを創らねばと考えてしまいがちである。実は当初、筆者もそう考えていた。

しかし、「マウントレーニア」のようにシンプルなCMこそ、「飽き」とは無縁でいられるものなのかもしれない。むしろ、見た目の派手さを追い求めて騒ぎ立てるハードセルなCMほど、繰り返し見ることになると目をそむけたくなるのではないだろうか。

今後さまざまなアテンション分析が蓄積されて、世間に情報があふれてCMに対する注目が得にくくなっているという問題に対しての処方箋が得られることに期待したい。

さらに秒間アテンションでわかること

広告としての効果

ここまで見てきたように、秒間のアテンションでさまざまなことがわかってくる。そのほかにも、実務上で秒間のAI値を分析してみるべきポイントがいくつかある。

まず、C-カットの訴求力を測ること。具体的にはトップのC-と、ラストのC-のアテンションを見てみるということだ。広告対象であるブランドや企業への注目を集めるということは、広告の果たすべき役割として重い。CMを見終わって、「あれ？ どこのCMだったっけ？」というのでは、広告投資の意味がなく、もったいない。

C-カットは一度作ったらそのまま使用し続けることが多いと思うが、視聴質データの導入をきっかけに、その効果を再検討してみてはどうだろうか。可能であれば、複数のC

M素材についてデータを取得し、分析してみるとよいだろう。

同様の考え方で、商品カットやぶら下がりカットといった、広告として伝えたい情報があるカットに対するアテンションも見てみるべきだろう。第八章で触れるが、脳が一度に処理できる情報は限られている。

昨今のCMでは、ブランドロゴとパッケージと検索窓と……のように、たくさんの情報が一つのカットに詰め込まれていることがままあるが、これらが注目されているかどうかをチェックすることは重要だ。アテンションが獲得できていない場合は、次回は伝える情報ごと、つまりキャンペーン告知や新商品登場など、それぞれを主題にした素材を制作するかどうかの判断をすべきだ。情報ごとに個別のCMで伝達した場合の効果と、制作のコストを天秤かけるのである。

競合に学ぶこともできる

自社だけでなく、競合ブランドのCMについても分析してみるとさまざまな示唆があるだろう。そもそも商品カテゴリーそのものがアテンションを得られやすいものなのかを把握することで、自社ＣＭの相対的な効果の高さがよりはっきりする。

さらに、競合ブランドのＣＭを秒間のＡＩ値など細かく分析することで、うまい点や反対にダメな点を知ることは、自社のものだけを分析するよりも多くの知見を得ることにつながる。自社と他社で何が違うのか、これまでの認知率や出稿量の比較だけよりも、格段に多くのポイントで比較できるようになるはずだ。

タレント人気度調査以外の指標として

また、ＣＭに起用しているタレントのアテンションも見てみるべきだ。タレントについての判断基準は、現状では人気度調査くらいしか指標らしきものがない。タレントの登場シーンのＡＩ値を見てみて、起用したタレントは目を引いているのか確認してみよう。

そのスコアの要因がタレントそのもののパワーによるものか、ＣＭ内での起用のされ方によるものかの線引きは難しいが、その後の起用法について示唆を与えてくれるだろう。関連して、企画段階での人選の際に、タレントごとに獲得しているアテンション（秒間ではなくＣＭごとの平均ＡＩ値など）を見るという使い方も有効かもしれない。

CMで受容性を把握

今後データの充実とともに、オーディエンスのセグメント別にアテンションをもっと細かく見ることも可能になるだろう。有効なCMのポイントと、それが効いている層を発見することで、CMの改善点はもちろん、デジタル動画広告などほかの施策に盛り込むべき内容も明らかにできるからだ。ひょっとすると、マーケティング戦略にまでさかのぼる知見を得られるかもしれない。CM内での問題提起やシチュエーションに対するオーディエンスの反応は、受容性調査のような側面もあるのだから。

その視点からすると、オーディエンスのセグメントはデモグラフィック（人口統計学的属性）な要件だけではなく、購買データなどと組み合わせていく方向に向かうだろう。さらにオンエアの時間帯や個別の番組のメディア露出のデータ、テレビ以外のメディアとの接触と掛け算するなど、データ分析の軸は増え続けていくことになる。

実例からわかった アテンション傾向のまとめ

本章では、秒間のアテンション（AI値）による個々のCMの分析について紹介した。

個々のCMのアテンションを細かく見ていくことで、どのカット／シーンが視聴者に届いているのかがわかる。各カットの内容と照らし合わせることで注目を得る／失う要因を探り、CMの内容をより効果的にしていくための指針とすることができる。

アテンションを時系列に見ると各時点でのCMの「鮮度」がわかり、効率の悪くなったタイミング（賞味期限）を知ることができる。視聴者の属性ごとの分析や競合ブランドのCMとの比較など、多角的に分析することで、CMはもちろんデジタル動画広告などほかの施策の効果を高めることも期待できる。

次章では、ＣＭがなぜ届くのか（届かないのか）をさらに深く知るための手段として、本章で取り上げたＣＭの脳波測定結果を紹介し、効果的なクリエイティブを考える。

III

注目量を集めるクリエイティブ

川越 智勇［著］

第8章

男CMと女CM（だんしーえむとじょしーえむ）

男女脳の違いに着目したCM制作へ

何よりも大きい男女の違い

ＣＭに対する無意識の反応を探る～男女脳プロジェクトの結果より～

前章では、一秒ごとのアテンションのデータを使った個々のＣＭの分析について考えた。この章では、デジタルインテリジェンス（ＤＩ）、ニールセン、TOMOGRAPH、プログラマティカ、Viibarの五社で取り組んでいる「男女脳プロジェクト」の成果を紹介する。刺激としてのＣＭが人の無意識下でどのような反応を引き起こしているのかを、脳波データとして把握し、効果的なＣＭについて考えていく。

「男女脳プロジェクト」は、日本国内はもちろん、グローバルに利用されているニールセン社の調査手法「ニールセン ニューロ」に刺激を受け、始まったものである。この脳波データによると、年齢などのファクターよりも、性別のほうが無意識下での反応に強く影響するのだそうだ。

第四章で触れた通り「男女脳プロジェクト」では、ニールセン ニューロの脳波データと、ＤＩ社で分析したＡＩ値を並べ、脳波とアテンションの関係性を分析した。

男女脳プロジェクトの狙い

また、男女脳プロジェクトは、次の二つの立場に立脚して発案されたものだ。

①ＣＭに対する男性型の反応と女性型の反応は明確に区分できる
②国、文化、人種を超えた普遍性の高い現象として扱うことができる

男女の脳そのものに差異があるのかという点については、右脳と左脳をつなぐ脳梁《のうりょう》の太さに違いがあるという説が有名だが、これは発表当時わずか二十例のホルマリン漬けの脳サンプルから導いた説に過ぎない。近年にＭＲＩを使った百人規模の調査では、男女の脳梁の太さに違いは見られなかったという報告もあるようだ。

脳そのものというよりも、生まれてから社会の中で浴びるさまざまな刺激やルール、コ

ンテキストによって、男の子は男の子らしくなり、女の子は女の子らしくなっていくというのが、最近の考え方のようである。いずれにせよ、そうした影響を不可避的に受けた結果として、男性と女性の差が、広く定着しているという現実がある。

CMに対する反応を大きなスケールで見る場合、まずわかりやすさという点で、男女という性別に分けた視点は必要だ。同時に、右脳と左脳というキーワードも関係してくる。右脳と左脳の機能の違いは、文化的解釈とは別次元で、客観的に把握されてきた脳科学や解剖学の知見である。CMのクリエイティブを評価する議論にも、いよいよこうした科学的アプローチが可能になってきたのだと、改めて思う。

では、さっそくいくつかのキーワードを提示しながら、さまざまな発見と手がかりを紹介していこう。

男CMと女CM(だんしーえむとじょしーえむ)

マーケティング戦略上、広告対象となる商品やサービスのターゲットが性別や年齢でセグメントされていることはよくある。そのため、CM制作のターゲット設定でも、まず男女を切り分けて考えることは多い。広告効果を高めるために、それぞれのオーディエンスに最適化された「男ＣＭ」と「女ＣＭ」を創ることと、その際に脳の特性を考慮に入れることは有用だと思う。

もし、男女ともにターゲットである場合でも、オンライン動画広告では男女ごとに切り分けての配信が可能だ。より効果を高くするために、男女それぞれの脳の特性に合わせてＣＭを再構成して、男女別のオンライン用の映像素材を創ることも考えられる。

脳波でわかる「注目」「感情関与」「記憶」

脳波を測定すると何がわかるのか。ニールセン社は左記の見解を示している。

質問をする代わりに脳波を測定することによって、対象者が無意識のうちに反応している情報を読み解く。質問されることによるバイアスを取り除いた反応の測定が可能。

具体的には、高密度電極脳波計とアイトラッキングにより、調査対象者の無意識下での刺激への反応を計測する。計測された脳波は、各秒間で「注目」「感情関与」「記憶」と、その三つをもとにした「総合効果」[注1]として指標化され、スコアとなる。

さらに、アイトラッキングによりどこに目線が向けられているかを計測しているため、画面上の何に注目して脳がどう反応しているのか、という視点での分析が可能だ。

[注1]：総合効果は、注目、感情関与、記憶のスコアをもとに算出されるが、３つのスコアはそれぞれ重みが異なる。また、各指標が同時に上昇したかどうかも、総合効果の算出に加味される

男女の見方の違いがわかる例

脳波から見るＣＭへの無意識の反応

脳波データの見方

では、「男女脳プロジェクト」で行ったＣＭ分析の結果を見てみよう。

［図８－１］は、第七章でも触れた、Ａ社の男性向けネットサービスのＣＭ（Ａ－３篇）の秒ごとの全体のスコアと、秒間の総合効果のスコアの動きを男女別に出したものである。単純に、スコアが高いほうが脳の反応が大きい、すなわちＣＭの効果が高いということになる。第七章でもアテンションの男女差に少し触れたが、脳波を見るとより詳細に理由が読めてくる。

前章でも触れたように、ＣＭの内容は登場人物の男性タレントが問題提起し、心象風景の歌とダンス、解決法としてのサービス利用、という流れである。

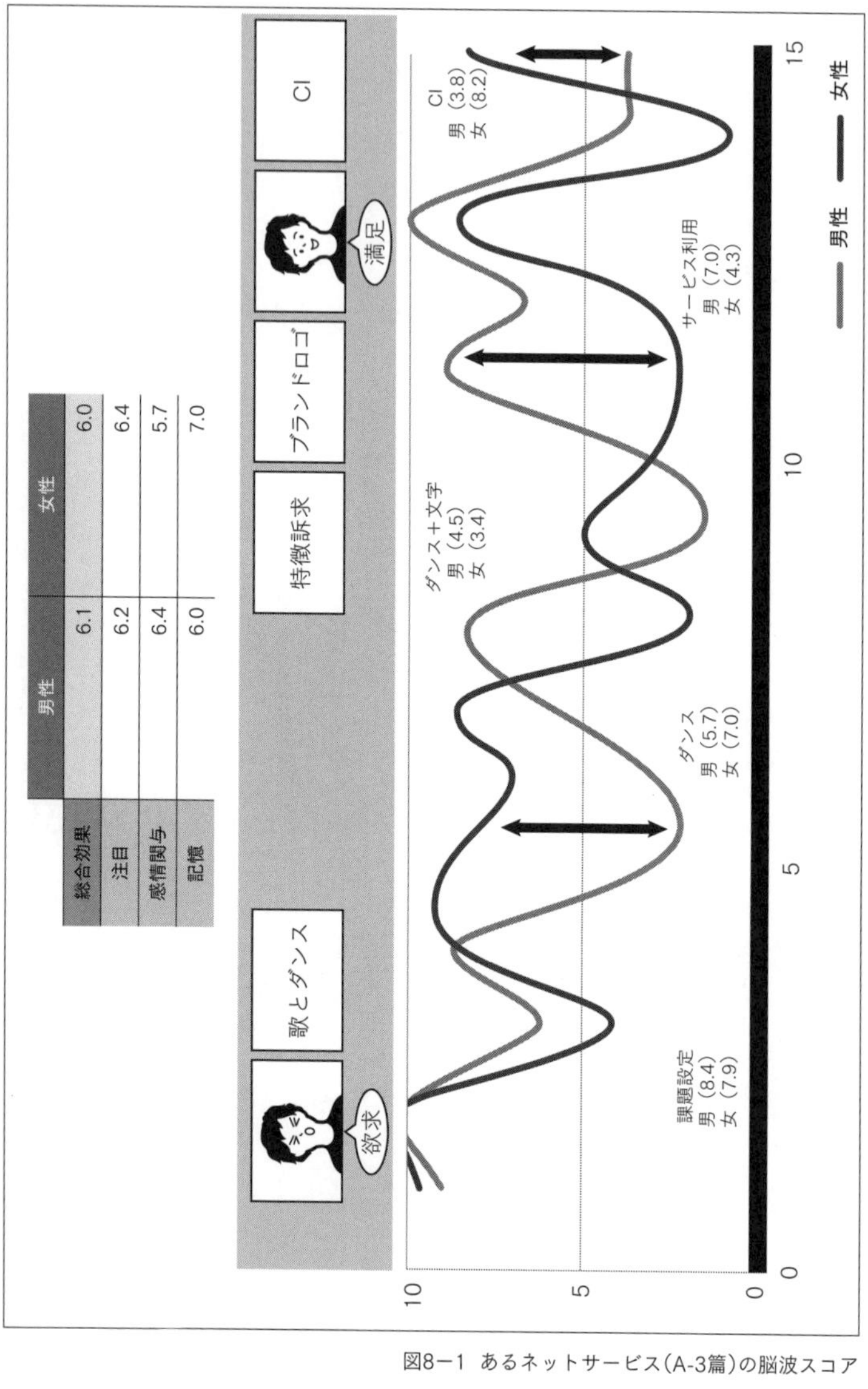

図8－1 あるネットサービス（A-3篇）の脳波スコア

大きく男女差が出ているポイントは三つある［表8—1］。

ポイント① 情報量の多いダンスシーン

一つ目が、歌とダンスのシーン。女性は好反応だが、男性は低いスコアである。これまでの分析の蓄積から、男性は映像内の情報量が多いと処理しきれなくなるという傾向があるそうだ。たくさんの人物、たくさんの色彩、歌、動きのあるダンスにカメラワーク、という情報の多さが、反応の男女差につながっていると考えられる。

ポイント② 解決策の提示方法

二つ目は、解決策としてのサービスを訴求するカット。こちらは逆に男性は好反応、女性は低スコ

シーン		総合効果	注目	感情関与	記憶
ダンス	男	5.7	7.5	5.7	5.2
	女	7.0	9.0	7.4	5.8
サービス利用	男	7.0	8.0	6.7	7.1
	女	4.3	2.6	3.9	6.5
CI	男	3.8	5.5	7.1	1.1
	女	8.2	2.7	9.5	9.4

表8—1 男女で差が出たシーン

アだ。男性の登場人物がスマホを操作しているカットであることから、男性は自分向けのサービスと感じ、女性は自分向けではないと感じているのだろう。

ポイント③「ブランド認知の差

三つ目は、ラストのCIカット。女性の記憶のスコアが高い。「記憶する」もしくは「記憶を引き出す」効果が高いということは、ブランドに対する認知や好感というベースがあっての反応だろう。同じ企画フレームの女性向けCMが複数素材オンエアされていたことが影響しているのかもしれない。

男女とも同じ反応をしたところ

男女ともにスコアの高かったシーンは、トップの登場人物のアップのカットだ[表8-2]。やはり人気タレントはアイコンとしてキャッチーである。

逆に男女とも低かったのは、歌とダンスのシーンの最後のところに文字スーパーが乗る部分であった[表8-3]。男性が特に混乱している傾向が見られるのだが、注目と記憶のスコアが高い一方で感情関与が低い。これは、無意識に「見よう」「認識しよう」としているが、「好ましくない」と感じてしまっている状態なのだそうだ。多すぎる情報が処理しきれなくなり、無意識に避けたくなっているのだという。

同じブランド・同じターゲットの別素材の結果は？

別の企画フレームで制作された同ブランドのCM

同じネットサービスのさらに別の素材（A－4篇）についても脳波を測定してみた。

こちらのCMの設定は、ビジネスマンの心情を、サービスの内容を織り込みつつ男性タレント扮する謎の男が不意に語りかけてくる、というものである。突然語りかけてきた謎の男をい

シーン		総合効果	注目	感情関与	記憶
課題設定	男	8.4	3.7	9.6	6.9
	女	7.9	6.1	6.4	9.2

表8－2 男女のどちらでも効果が高かったシーン

シーン		総合効果	注目	感情関与	記憶
ダンス＋文字	男	5.2	7.2 ↑	2.0 ↓	9.3 ↑
	女	4.8	6.5	4.6	5.6

表8－3 男女のどちらでも効果が低かったシーン

ぶかしがるビジネスマンに、男がさらに迫ってくる理不尽さをオチにした構造だ。

後半に男女のスコアが逆転

ではさっそく、男女別に全体の各指標と秒間の総合効果のスコア見てみよう［図８－２］。やはり全体では男性のほうが高スコアである。秒間のスコアを見てみると、最初は女性のほうが反応しているが、後半は逆転し男性のほうが高スコアとなっている。

シーンごとにもチェックしてみよう。男女ともに高スコアだったシーンは、トップカットから表情のアップが続いたあとに、カメラが引いてビジネスマンと謎の男との位置関係がはっきりする（＝ＣＭの全体像が把握できる）シーン。

男性はセリフのやり取りをしている設定がここで把握できたということで、反応していると推測される。また、女性では注目が高く、男性タレントの状況を認識したことによる反応と考えられる。

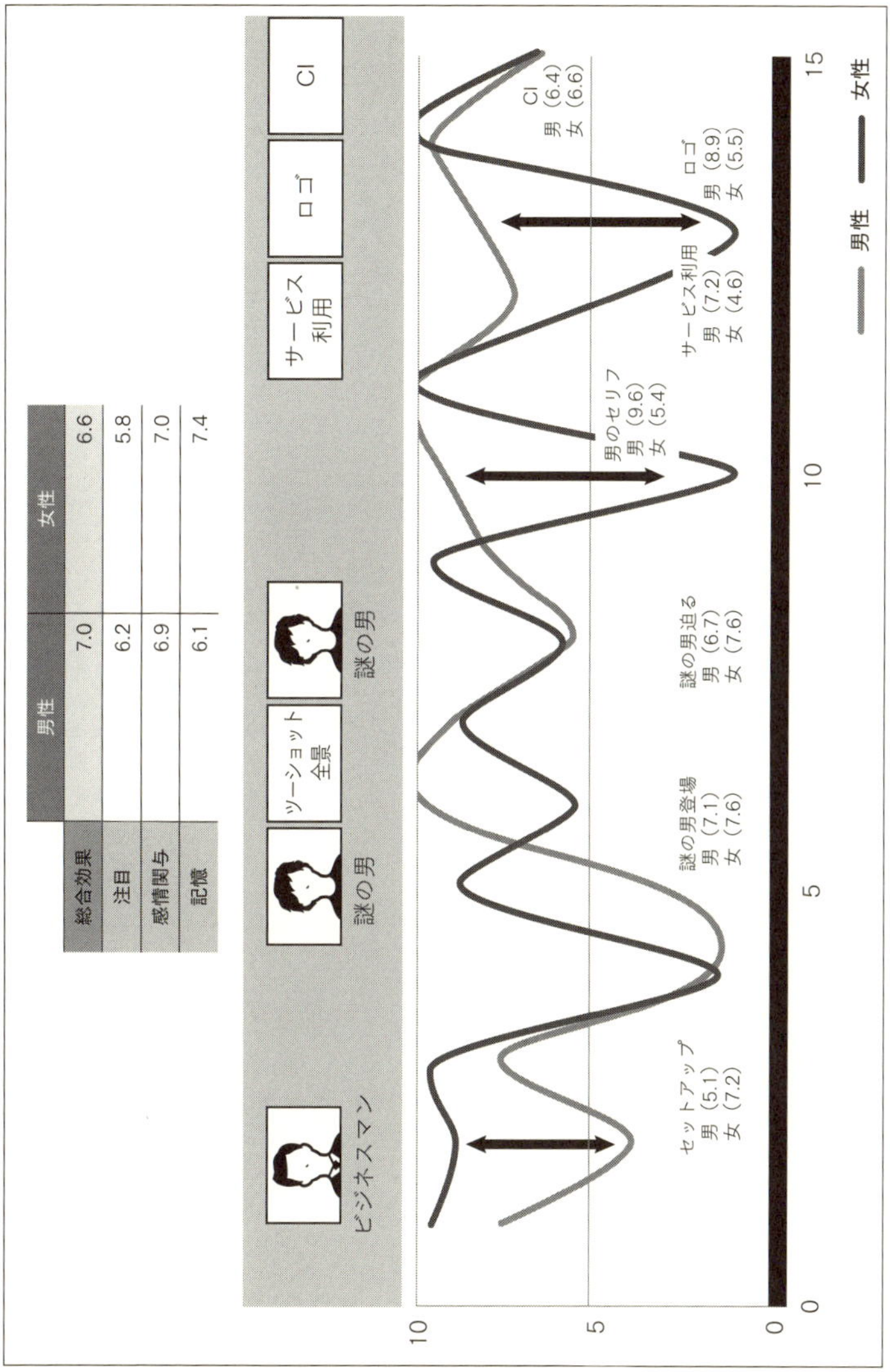

	男性	女性
総合効果	7.0	6.6
注目	6.2	5.8
感情関与	6.9	7.0
記憶	6.1	7.4

図8－2　男性ターゲットの別素材（A-4篇）の脳波スコア

ナンセンスを楽しむ男性

男女差の大きかったシーンは、全部で五つある［表8－4］。

最初の二つのシーンで女性のスコアが高く、男性は低い。これは、男性がビジネスマンの不安な表情に自分を置き換えた結果、ネガティブな心境になったということだろう。

男性のスコアが高かったのは後半の三シーン。男性はこのセリフのやり取りのナンセンスさを楽しめている様子である。一方で、女性はあまり楽しめなかったようだ。

シーン		総合効果	注目	感情関与	記憶
セットアップ	男	5.1	8.5	5.5	2.7
		2.1差↓			
	女	7.2	7.9	7.3	5.6
展開（前半）	男	6.7	6.7	5.1	8.1
		0.9差↓			
	女	7.6	8.7	8.2	5.7
展開（後半）	男	9.6	5.2	7.4	10.0
		4.2差↑			
	女	5.4	0.7	5.3	9.9
サービス利用	男	7.2	4.7	9.6	3.1
		2.6差↑			
	女	4.6	1.8	6.0	7.5
サロン	男	8.9	5.2	7.4	10.0
		3.4差↑			
	女	5.5	4.8	5.2	10.0

表8－4 男女で差が出たシーン

文字とナレーションの違いに混乱？

さらに着目したいのは、サービス利用を促すカットだ。文字スーパーの内容と、ナレーションの内容が異なっているからか、記憶のスコアが上がっていない（そもそも訴求内容が響かなかった可能性もある）。

全体としてターゲットとしている男性で高スコアなので、効果の高いＣＭと言えるが、訴求内容があまり重要な情報だと思われないというのは課題だろう。

男性は「読む」、女性は「見る」

男女差が出た視線のヒートマップを見てみよう［図8－3］。男性は下の検索窓の文字情報まで目で追おうとしている。男性は画面上に要素があると、無意識に見ようとする傾向があるそうだ。特に文字情報を読もうとするので、こういった結果が出ているとのことである。

ちなみに、男性は無意識に「読もう」とするのであって、それが「読めた」「理解できた」「記憶した」わけではないところが簡単ではない。各スコアを比較して分析することで、脳がどう反応したかを読み取らなければならない。

　このカット、女性はロゴに注目している。そもそも女性ターゲットのCMが過去にオンエアされていたから馴染みがあっただろうし、女性は色や形の豊かさを伴ったデザイン要素に惹かれる傾向があるためとも言えるだろう。

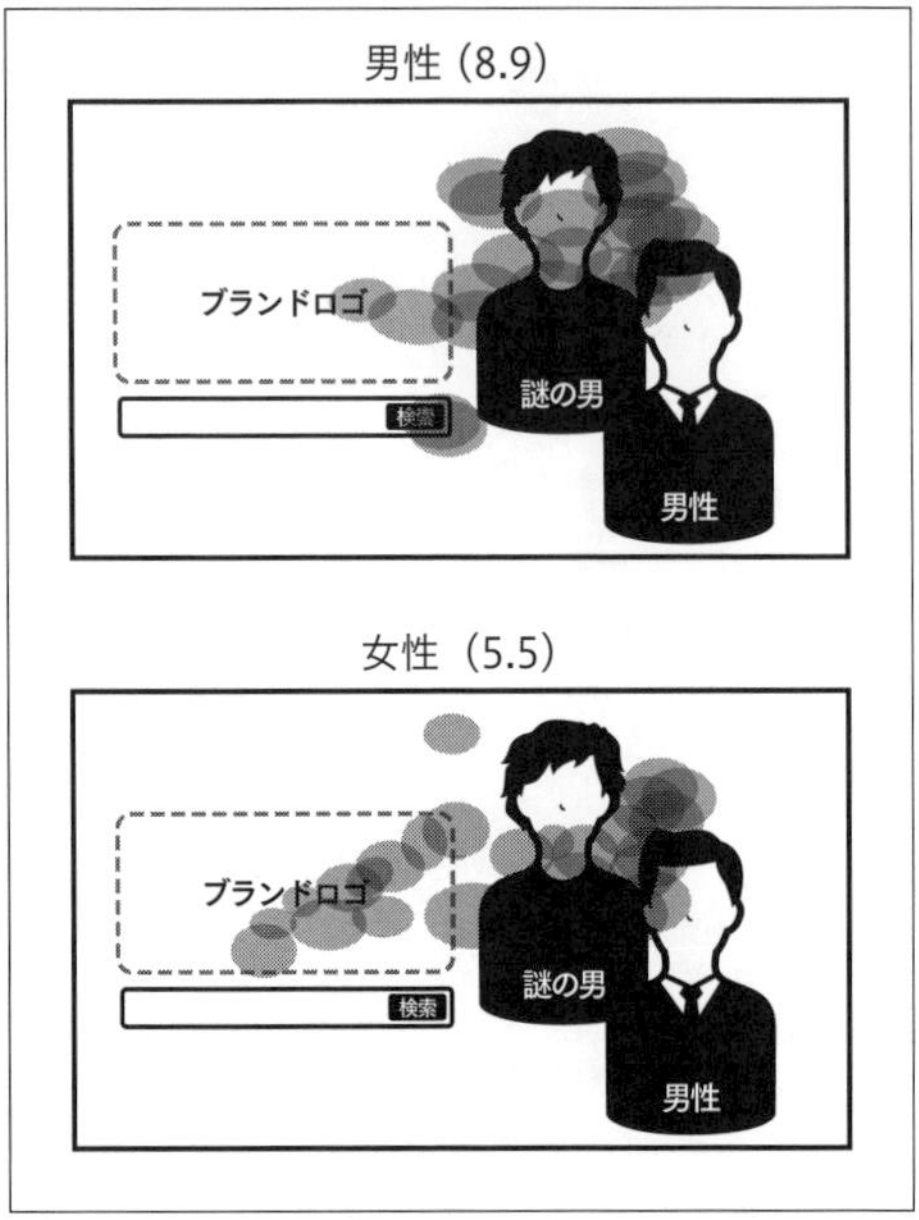

図8−3 男女で差が出たヒートマップ

好反応の中の微差を捉える

脳波から見る「マウントレーニア ちぐはぐ篇」

注目の持続と脳波の関係は

別な商品のＣＭについても見てみよう。第七章でＡＩ値を見た、森永乳業「マウントレーニア」の「ちぐはぐ篇」を取り上げる。小出恵介さんと多部未華子さん演じる兄妹のスライス・オブ・ライフ。ここでは三〇秒の素材を調査対象にしている［図８－４］。［図８－５］は全体の各指標のスコアと、秒ごとの総合効果のスコアである。第七章で述べたように、特に女性の注目が持続したＣＭだが、脳波はどんな反応を示しているのか。

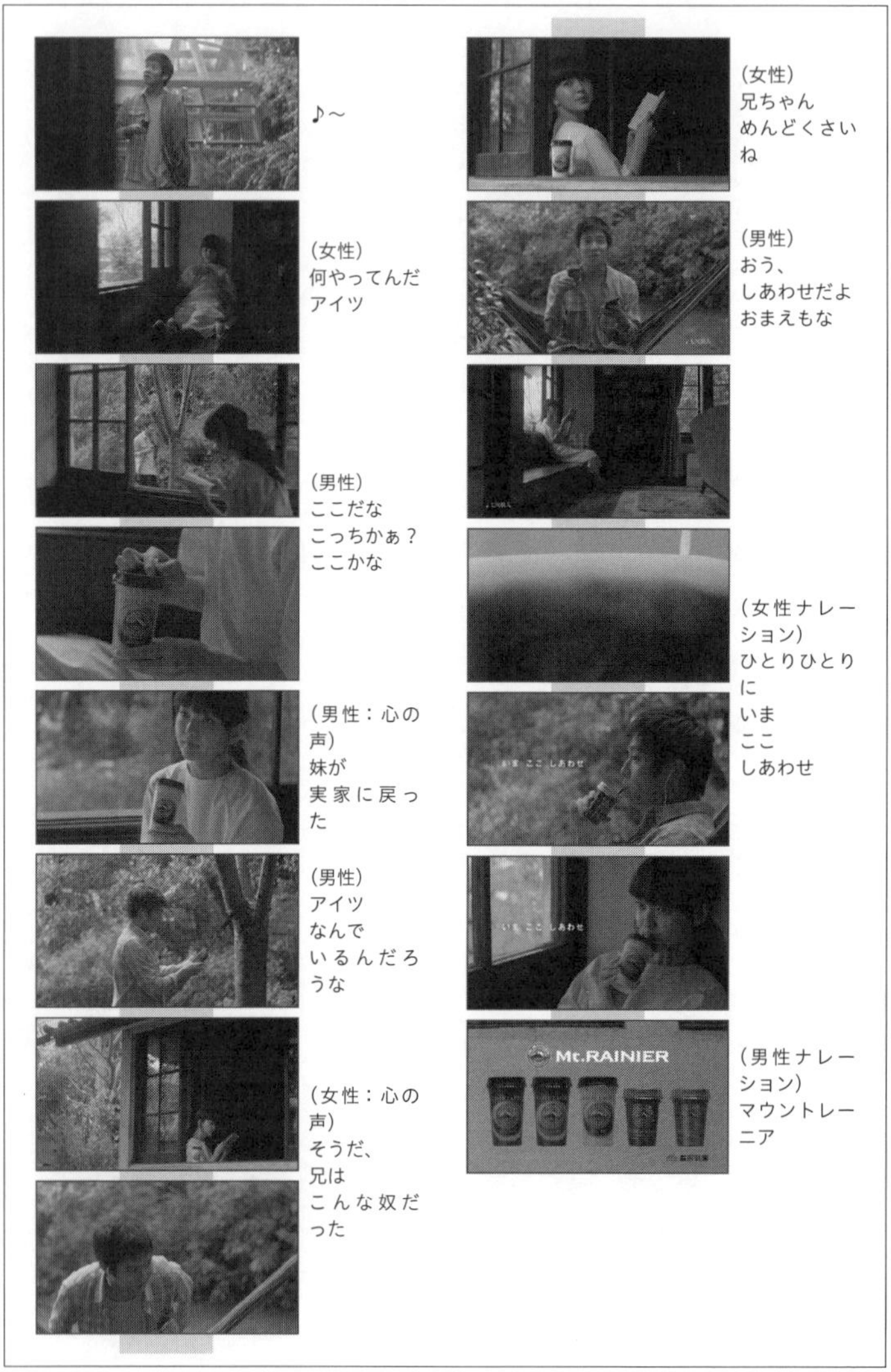

図8−4 森永乳業 マウントレーニア ちぐはぐ篇 30秒

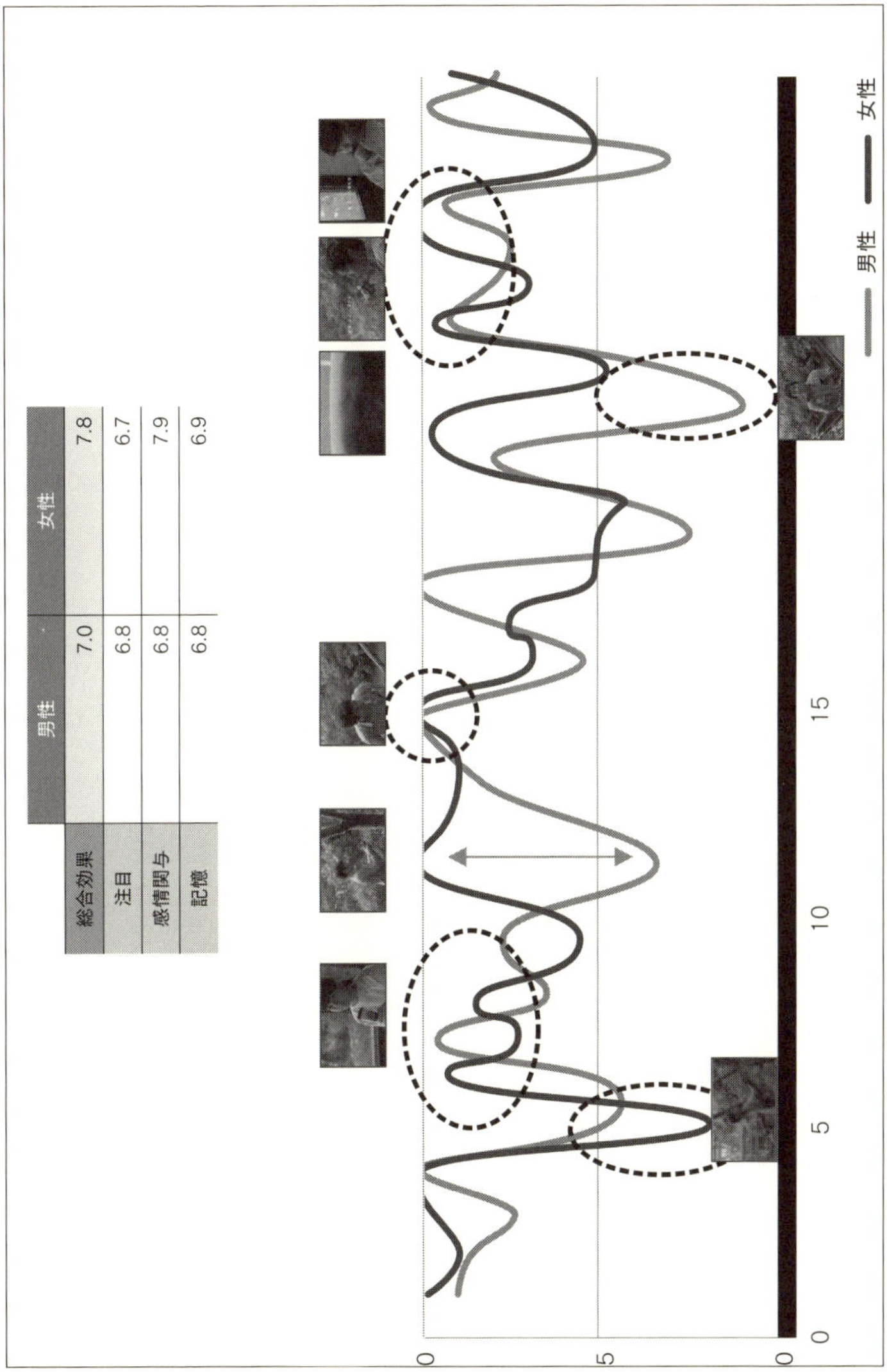

	男性	女性
総合効果	7.0	7.8
注目	6.8	6.7
感情関与	6.8	7.9
記憶	6.8	6.9

図8−5　マウントレーニア ちぐはぐ篇の脳波スコア

男女差のある四つのシーン

全体で男女とも高スコアだが、やや女性のほうが上回っている。秒間ごとに比較すると、男女で差が出たのは、［表8－5］に示した四つのシーンである。

一番大きな差となったのは、登場人物の男性（小出さん）がハンモックを設置するシーンで、女性のスコアが高い。特に感情関与が大変高くなっている。これは、男性が「何かをしてくれている」様子に見えていることが要因ではないかと分析している。

二つ目の製品シズルについては、差はあるにせよ両者ともスコアが高く傾向も同じなので、男女の感じ方の質に違いは少なそうだ。

三つ目は、女性（多部さん）が登場するシーン。

シーン	ヒートマップ			総合効果	注目	感情関与	記憶
ハンモック設置はじめ		男	5.6差↓	4.1	9.6	1.8	8.7
		女		9.7	7.1	10.0	9.4
製品シズル		男	2.0差↓	7.6	8.6	9.7	1.4
		女		9.6	7.2	10.0	2.6
多部さん登場		男	1.5差↑	7.5	9.0	7.8	7.0
		女		6.0	10.0	1.6	9.4
場所探し		男	1.5差↑	7.4	2.8	5.5	10.0
		女		5.9	5.2	5.3	10.0

表8－5 男女で差が出たシーン

女性の感情関与が低い。ここでのナレーション「実家に戻った」が影響した可能性が考えられる。女性は同性の登場人物に自己投影する傾向があるため、この設定がマイナスの感情に触れたのではないかと思われる。

四つ目は、男性（小出さん）がハンモックの設置場所を探しているシーン。ＣＭの冒頭で何をするのかわからないためか、女性がやや混乱している様子である。

やはり文字情報を追いたがる男性

また、アイトラッキングによる目線の男女差をヒートマップで見たところ、次のような特徴が表れた。

［図８－６］のシーンで、男性は窓に置かれた商品パッケージを見ようとしている。また、［図８－７］のシーンでは、左下の楽曲クレジットの文字を読もうとしている。画面の中の要素をできるだけたくさん、特に文字情報を追いたがるという男性の

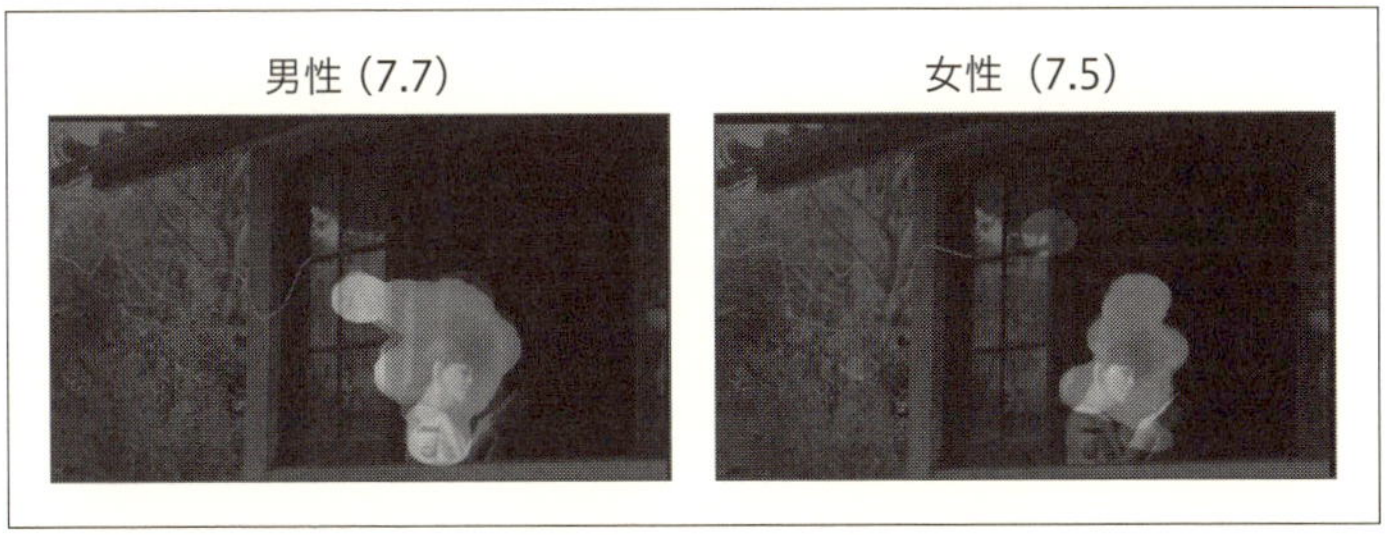

図8－6 男女で差が出たヒートマップ①

特徴がここでも出ている。

脳波でわかるコンテンツの実力

このＣＭについては、男女とも全体に高いスコアを獲得していた。アテンションの分析でも高い傾向であったが、メディアの影響なしにＣＭコンテンツとして効果の高いものであることが脳波の分析でわかったことになる。

なお、この分析で三〇秒素材を扱った場合、自動的に高スコアの部分を編集でつないで一五秒尺にしてくれる。商品ディスプレイなど広告上必須なカットが省略されたりもするので、そのまま使用するわけにはいかないが、より効果の高い素材づくりには大いに参考になるだろう。

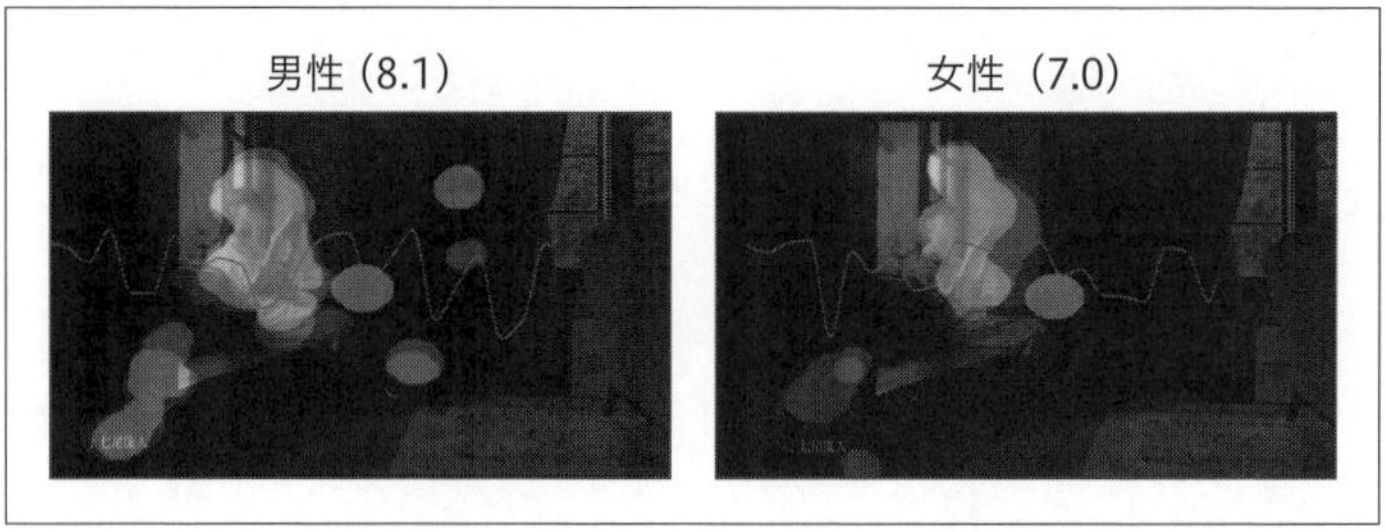

図8−7　男女で差が出たヒートマップ②

男ＣＭと女ＣＭの産み分けポイント

男女別に適した映像コンテンツとは

ここで、「男女脳プロジェクト」含め、これまで脳波測定で得られた知見から、男女それぞれに適した映像コンテンツを創る際に留意すべきポイントをまとめてみたいと思う。

男って「単純」

- 男性のほうが情報処理量は少ない。できる限り単純化した内容構成にしたほうがよい。一方で文字情報に注目する傾向はある。が、シンプルにすべき。
- シズルカットに高く反応する傾向がある。見たものが食べたい、飲みたい。
- 直線的、機械的な図形、模式図など、ソリッドな印象のものに反応する。

●女性の登場人物は目を引くが、それがＣＭの内容への興味につながるかは別問題。

女性には「豊かに」「自己投影」

●華やかな色彩や動きなど、豊かな情報を処理できる。
●セリフや歌などの音声情報についても、細かい点まで聞き取って反応する。
●女性が登場した際、自分を投影して反応が高まる。ストーリーへの没入度が高まったり、デモンストレーションへの注目が高まったりする。
●文字そのままよりデザインされたロゴ。整理された図式より状態の描写。感性に訴えるほうが高い反応が得られやすい。

もちろん、男女共通で留意すべきポイントも脳波分析から得られている。それについてはアテンション分析の知見とも合わせ、第九章で「ＣＭづくりのゴールデンルール」としてまとめる。

脳波測定を現場で活かすには

ＣＭづくりの実務での活用法

本章で見てきたように、脳波測定を行うことにより、個々のＣＭの各シーンがオーディエンスの無意識下でどのような反応に結びついているかを把握できる。実務上では、いくつかの利用法が考えられる。

まず、ＣＭ制作の前にビデオコンテで反応を見ることに使える。実制作の前に課題を洗い出す目的だ。ちなみに、過去の事例ではビデオコンテに対しても、実際に仕上がったＣＭと同様の傾向が出ているそうである。また、ＣＭだけでなく広告全般を刺激材料として提示することで、無意識下の反応を見ることもできるそうだ。パッケージや店頭ＰＯＰなどにも脳波測定の手法は応用できるのである。

ほかには、キャンペーン実施前に仕上がったCM素材を調査にかけ、男女の反応差を把握して、テレビでのCM露出以外の打ち手を検討するという使い方が考えられる。CMをベースに、デジタル動画広告用に男女別の素材を作る際などに活用できそうだ。

最も導入されやすそうなのが、キャンペーン実施後である。GAPなどのアテンション指標、認知や好感、イメージなどの効果測定調査スコアと脳波測定の結果を合わせて、クリエイティブとしてのCM評価をより詳細に行うという使い方である。「なぜそのようなアテンションになったのか」、「なぜその認知やイメージに至ったのか」の要因を深く探るのだ。もちろん、分析しっぱなしでは意味がないので、次のキャンペーン・プランニングや、CMの企画作業に活かすことのできる改善および継続すべきポイントの抽出が必要だ。

こういったプロセスを繰り返すことで、その商品カテゴリーや自社のブランド、自社のCMについての知見が蓄積されていくだろう。それによって、キャンペーン効果を高めるためのコンテンツとしての、CMづくりの質が底上げされていくことになる。

脳を快適にする広告

いくつかのＣＭに対する無意識の反応を取ってみると、事前に思った以上にオーディエンスは（特に男性は）、情報を処理できないものだと感じた。テレビの前の素の状態を計測するアテンションとは違い、脳波測定は実験環境で行われる。つまり、器具を装着して、画面の前に座って計測するのだ。そのため、常にＣＭに目が向いている状態になるわけだが、それでも脳はＣＭ内の文字情報を遮断してしまったりするのである。

昨今のＣＭは情報過多な傾向にあるように思う。ＣＭの送り手は、盛り込むべき情報をもっと整理することが必要なのかもしれない。もちろん、情報伝達の効率の問題だから、投下メディア量が多ければ伝わる可能性はあるが、「伝わった＝好感につながる」かというと、これまた別問題である。

「言う」「伝える」のではなく、脳にとって「心地よい」状態を作ることを考えていく視点が重要ではないだろうか。それが結果として、ＣＭがオーディエンスによりよい形で到達するという、理想のゴールに近づくことになると思う。

これはＣＭだけの話ではない。接触する情報に対して、脳は同じように処理するだろうから、ほかのコミュニケーション手法についても同様に考えたほうがよいはずだ。脳を快適にする広告表現、広告手法とはどういうものか、今後も追求していくべきである。

男ＣＭと女ＣＭのまとめ

本章では、アテンションに加えて人の脳波を測定することによりＣＭの分析を行う「男女脳プロジェクト」の成果について紹介した。

ＣＭに対する反応には国や文化、人種を越えて、男女で大きく異なる特徴があることが、さまざまなＣＭを見た際の脳波を測定し、分析を蓄積することでわかってきた。

脳は無意識下でたくさんの情報を処理している。ＣＭを見るときにも画や音といった複雑な要素の中から取捨選択を行い、無視したり記憶したりを繰り返している。送り手の望ましい形で情報を伝達するためには、ＣＭ内に適切な形でメッセージを配置することが必要だ。もちろんその際にはターゲットたる男女それぞれの脳の特性を勘案するべきである。

さて、次章では、ここまで紹介してきたアテンションおよび脳波の分析から導かれる、効果的なＣＭづくりのためのルールについて考えていくことにする。

III 注目量を集めるクリエイティブ

川越 智勇［著］

第9章 CMのゴールデンルールを考える

アテンションを獲得するための新常識

ゴールデンルールのこれまでとこれから

ゴールデンルールは永遠にベータ版？

ここまで見てきたようなアテンションや脳波といった新しいデータをもとにして、CMについての考察がもっとたくさん蓄積されると、「効くCMを創るためのゴールデンルール」が導き出されるのではないだろうか。ここでは、これまでの内容を振り返り、ゴールデンルールのベータ版ともいうべきものをまとめてみる。

なぜ「ベータ版」とことわりを入れるのかというと、前述のようにCMには「飽き」がくるため、その時点で好結果を生んだ法則性であっても、時間経過で変化してしまう可能性があるからだ。どのルールに普遍性があるのかは、今後の継続した検証によって確認されていくことになるだろうし、ゴールデンルールは常にチェックされ、アップデートされていくべき性質のものである。

ゴールデンルールづくりに、終わりはない。ずっとベータ版であり続けるのである。

これまでのゴールデンルール

ＣＭづくりは匠の技か

これまでも、ＣＭ制作の現場では経験則にもとづいたゴールデンルール的なことは語られてきた。とはいえ、それは属人的で、匠の世界の技の言い伝えのようなものだと思う。

筆者もＣＭプランナー時代には、上司であり師匠であるクリエイティブ・ディレクターや、一緒に仕事したディレクター、プロデューサーの皆さんにいろいろと教わった。

たとえば、

- 画面の中で動いているものを人は目で追う
- 文字スーパーで目を引きたいなら赤色。落ち着いた印象にするなら白で少々明度を落とすべし

- 緊張と緩和で笑いが生まれる
- 時間をかけたものを喪失すると泣ける
- このBPM（テンポ）に乗った音楽は覚えやすい
- 素人モデルはヒキサイズで背景を大きく見せると情感が増す

などなど。企画から演出、仕上げまでの段階で、多種多様な教訓があった。これらを実際の撮影や編集の作業で試してみると、「確かに」「なるほど」と思うものばかりであった。

経験則を分析の視点に利用する

こういった蓄積された知恵は、視聴質データの分析においても尊重されるべきものだと思う。なぜなら、データ分析のための視点を豊富に提供してくれるからだ。どういう要因でこの値が出たのか、ということを考察するための仮説として、非常に有用である。

おそらくかなりの部分で、これまでのゴールデンルールは「正しい」ということになるのではないかと思う。もちろん、これまでのものを否定する新しいルールも見つかるだろう。それはそれで、これからの広告界にとっては喜ばしいことではないか。

知恵とデータで改善していく

これから必要になってくるのは、こういった「これまでのゴールデンルール」、つまり制作に携わった人々の知恵を収集して、分析に活かすことだ。ＣＭ素材とデータとの因果関係を明らかにするのと同時に、得られた知見を実際のＣＭ制作にフィードバックすることこそが重要だからだ。

現場で活用しやすいフィードバックと、実際にフィードバックを活用したＣＭづくりを行うために、クリエイティブ・ディレクターやＣＭプランナーをはじめとするクリエイター、ディレクター、プロデューサーといった人々が、データの収集、分析、応用といったプロセスに積極的に関与することが望ましい。データによる診断からの処方箋が、絵に描いた餅では意味がないのである。

トップとラストのゴールデンルール

見えてきたいくつかのルール

ここからは、具体的なゴールデンルールについてわかってきていることを挙げていく。詳細なデータ開示ができないケースから得た知見も、できる限り紹介しようと思う。

とはいえ、視聴質データの収集と分析は始まったばかりで、わかっていないことも多い。これまでの分析の結果から見えてきた、さらなる分析の視点や今後の課題についても、あわせてまとめてみたい。

トップ五秒の重要性

第七章で例示した通り、企画フレームが同一であっても得られるアテンションは異なる。その際に、ＣＭのトップにおける課題提示が、その後のアテンション獲得に影響している可能性を指摘した。

［図９－１］は、開始五秒のＡＩ値と、全体のＡＩ値との相関を表すものだ。両者は強い相関を示している。つまり、最初に注目を集められれば、その後も注目してもらえるということになる。

オンライン動画広告では、五秒後のスキップを避け、継続視聴してもらうために、「最初の五秒でそのあとへの興味を引くことを心

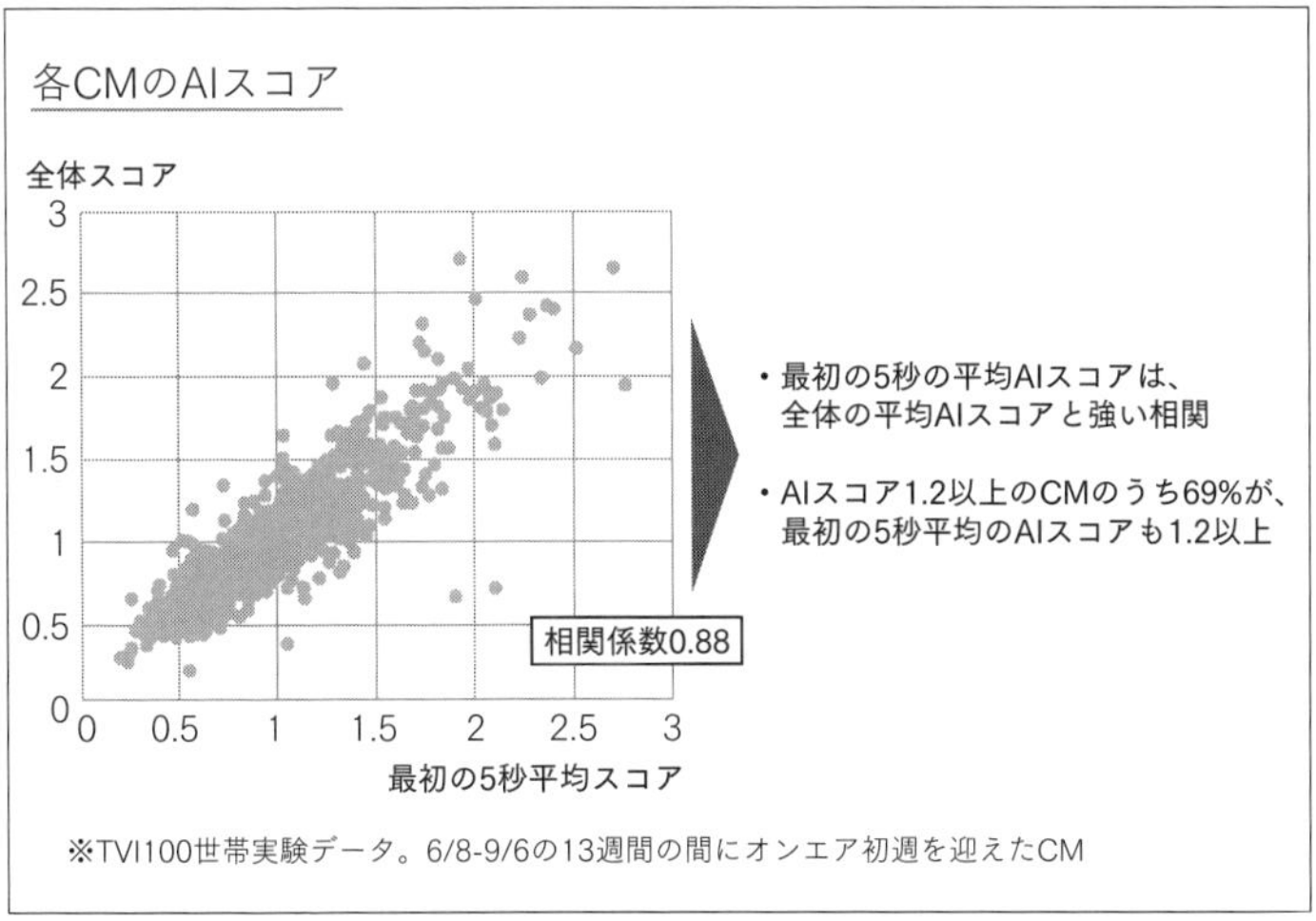

各CMのAIスコア

相関係数0.88
・最初の5秒の平均AIスコアは、全体の平均AIスコアと強い相関
・AIスコア1.2以上のCMのうち69%が、最初の5秒平均のAIスコアも1.2以上
※TVI100世帯実験データ。6/8-9/6の13週間の間にオンエア初週を迎えたCM

図9―1　開始5秒と全体でのAI値の相関

がけるべき」という話があるが、これはCMであっても同様なのだ。

「とにかくCM開始からすぐに商品を登場させてほしい」という要望が広告主（クライアント）から出ることは制作現場でよくある。しかし、そのタイミングで商品を登場させることは、アテンションの獲得につながるだろうか？ よく考えるべきだ。「とにかくCM開始からオーディエンスの注目を集めてほしい」という要望が正しいと言えるだろう。

C-カットで考慮すること

関連して、トップカットに企業や商品、サービスのロゴを置くことがアテンション獲得にどう機能するかについては、現状では一般化できるようなデータ分析はできていない。

ニールセン ニューロによると、「CMの一番最初にブランドを認識できるとマインドセットされ、その後のストーリーを理解する素地となるのでよい」という指摘もあるが、実際のオンエアではまず「視線を得ることができるかどうか」という問題がある。

では、ラストのC-カットはどうだろう。ブランドによってはCM本編よりもC-カットのアテンションが高くなるというケースもあり、オーディエンスのブランドに対する認識がアテンションに影響しているようだ。つまり、人気のあるブランドのＣ－カットは見てもらえる、ということだ。それこそがブランドの資産なのだろう。

実務においてはまず、自社および競合企業のＣ－カットのアテンションを把握することから始めるべきだ。ブランド認知やイメージ把握は効果測定調査などで行いつつ、ＣＭのアテンションと合わせて分析することで、ブランドのポジションと、コミュニケーションに機能する度合いをつかむことができるだろう。

また、このテーマについての今後の課題として、独立したＣ－カットと、そうでない場合とのアテンションの差を分析する必要がある。商品ブランドが多岐にわたり、ＣＭ素材が多数になる場合には、独立したＣ－カットで共通にしたほうが認知の効率はよさそうに思えるが、実は送り手の思い込みなのかもしれない。

「ぶら下がり」は効くのか？

同じくラストカットに関連して、ＣＭの最後にキャンペーン情報などを告知する、いわゆる「ぶら下がり」は効くのだろうか。

ニールセン ニューロの知見では、ＣＭ本編との断絶によって脳が混乱し、情報処理がされづらい傾向があるそうだ。ぶら下がりはただでさえ秒数が短いうえに、文字情報などが多くなりがちだからなおさらだろう。本編とＣＩカットとぶら下がりがある場合は、さらに伝達効果は低くなるそうだ。

計測のために注視している環境でもそうなのだから、実際のオンエアではもっと注目されない可能性が高い。情報を詰め込むには便利なので制作上使いがちだが、使い方には注意が必要だ。

三〇秒ＣＭでトップからラストまで注目を維持できるか

一五秒ＣＭの秒間のＡＩ値については、最初から最後まで平均に対してフラットな傾向がある。しかし三〇秒ＣＭでは、ずっとアテンションを維持するのは難しい。トップからラストに向かってアテンションは下降する傾向が見られる［図９－２］。

これは第三章でも触れたように、オーディエンスの視聴態度が一五秒ＣＭをベースにしていて、三〇秒は長いと感じてしまうからかもしれない。

制作面での視点で考えると、そもそも一五秒CMでも制作することを前提にして、三〇秒CMが構成されていることが多いのも原因のように思える。現状の制作環境では、流すメディア枠の都合（一五秒スポットがほとんどで三〇秒枠も少しある）から、同じ企画でメインの一五秒バージョンと、オマケのような三〇秒バージョンを同時に制作することが多いのではないか。単に一五秒を引き伸ばすだけではない工夫が必要だ。

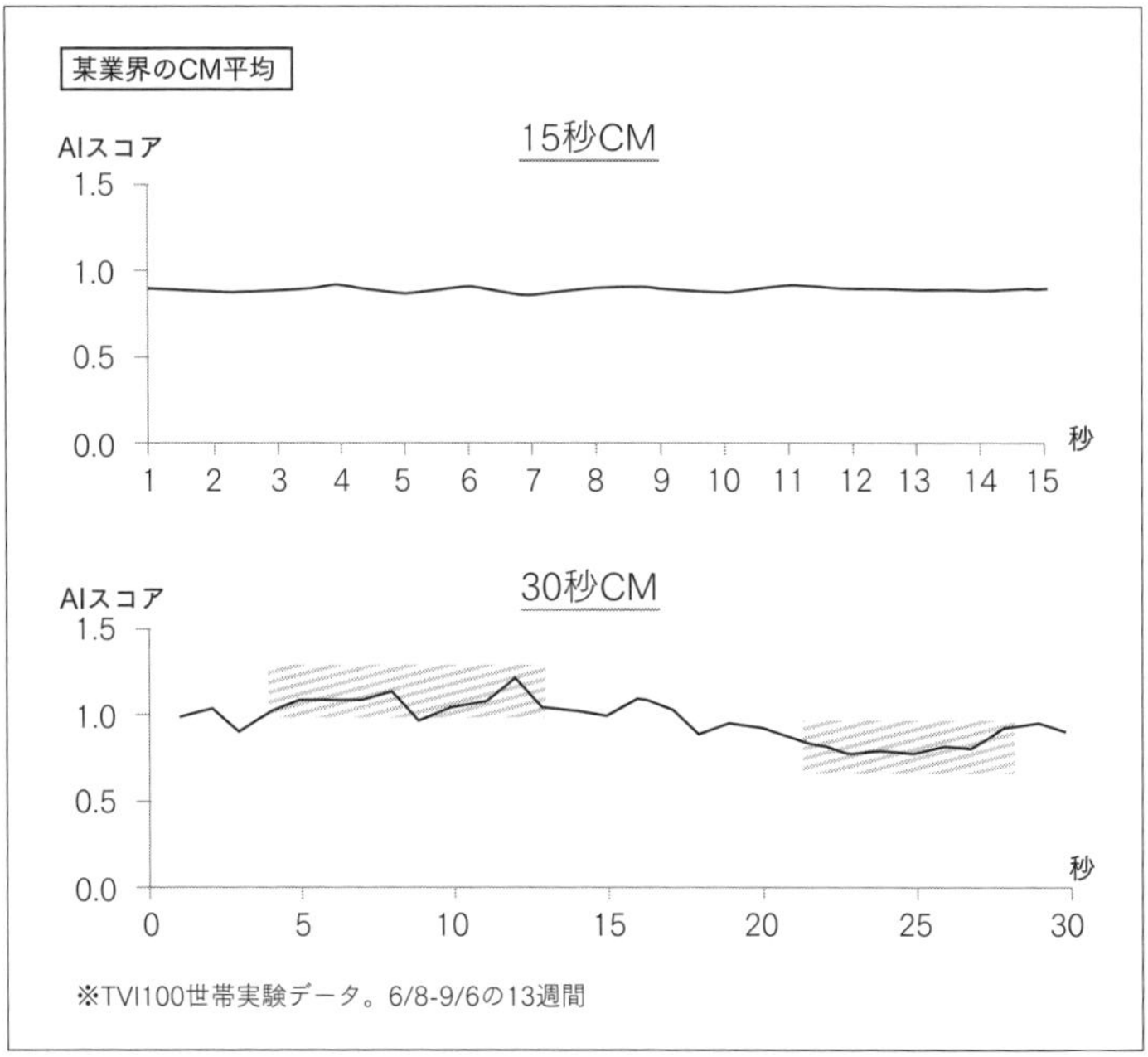

図9－2 秒間AI値の推移

タレントと楽曲タイプアップ

タレントありなしの影響

ＣＭのアイコンとしての機能

タレントを起用したＣＭと、起用していない（ノンタレ）ＣＭとのアテンションの差を見てみると、両者にそれほど差はない。タレント起用のほうがややよいＡＩ値を獲得している程度だ［図９－３］。

ただし、時系列のデータを見てみると、二週以降のアテンションの維持にタレントが機能していることが見て取れる［図９－４］。これは、タレントが記憶のためのアイコンとして機能し、「馴染み」を生む効果があるからではないかと思う。

どういうＣＭかを口頭で伝えるときに「タレントの○○が出ていた」ということはよくあると思うが、そのようにＣＭを認知する記号として、タレントが有効に機能するのだろう。

説明不要のイメージ

記号として機能する以外にも、そのタレントに対してオーディエンスが持っている認識をベースにしてＣＭを構成できるという利点もある。たとえば「タレントの○○さんは実子がいて家族の仲がいい」といったイメージをスタート地点にでき、最初から「いい親」がＣＭ内で何をするかを見る、という前提ができる。

ＣＭでは、タレントが出演していることだけでも、かなりの情報がオーディエンスに伝わるのである。さらに、テレビ以外のメディアでもアイコンとして機能するため、広告を再認させる効果を期待できるだろう。

ノンタレントのルールはあるか

一方で、ノンタレのＣＭを制作する際には、タレントが担う類の記号性をどこで担保するかという視点が不可欠だ。商品やブランド、企業といった広告の対象物そのものがキャッチーなアイコンになることが理想ではあるが、タレントに代わるキャラクター、コピー、音楽、デザインなど、映像コンテンツを構成する要素の中でいったい何が強く記号性を持ちうるか、送り手は強く意識するべきだろう。

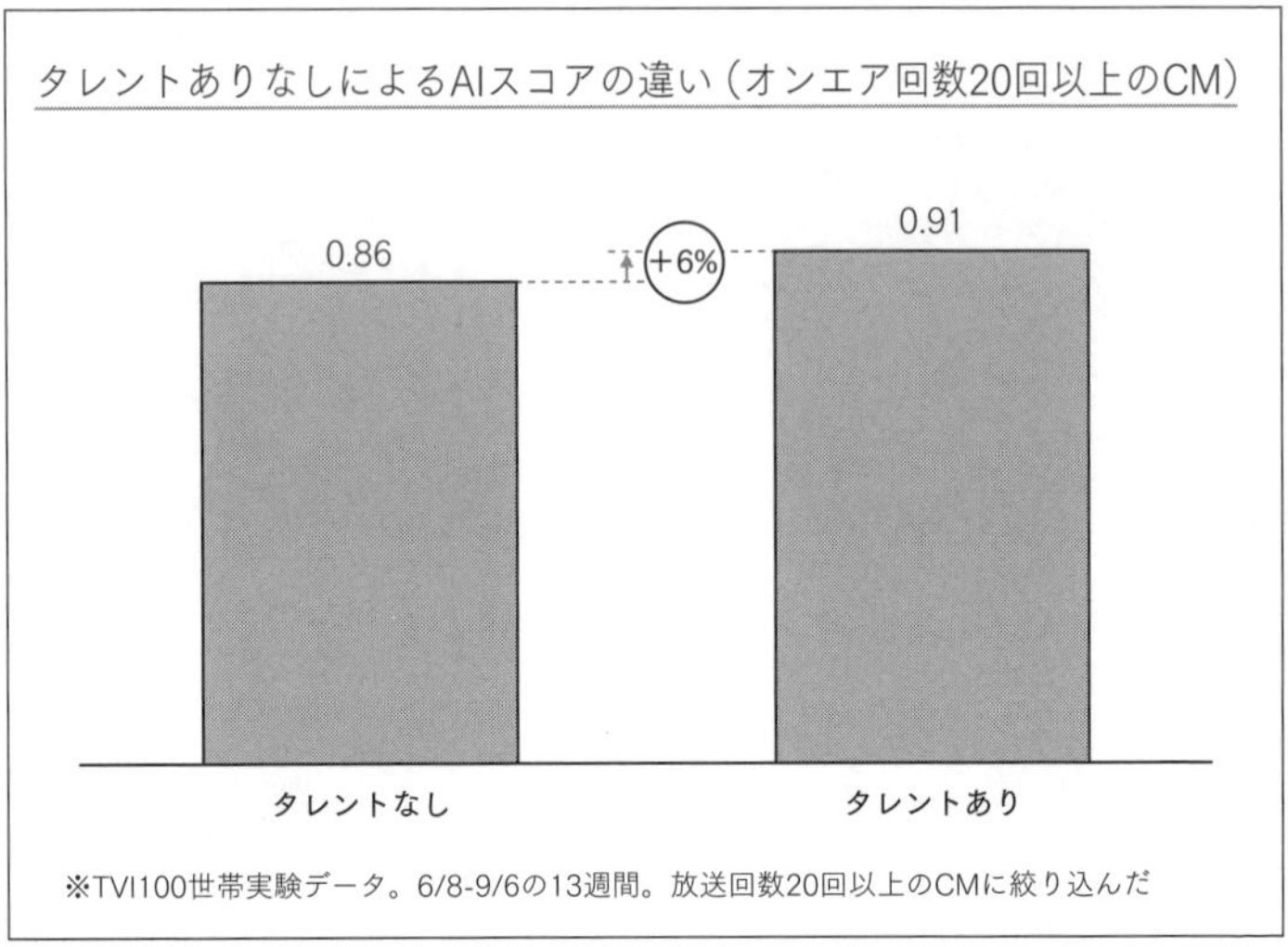

図9−3 タレントありなしによるAI値の違い（オンエア回数20回以上のCM）

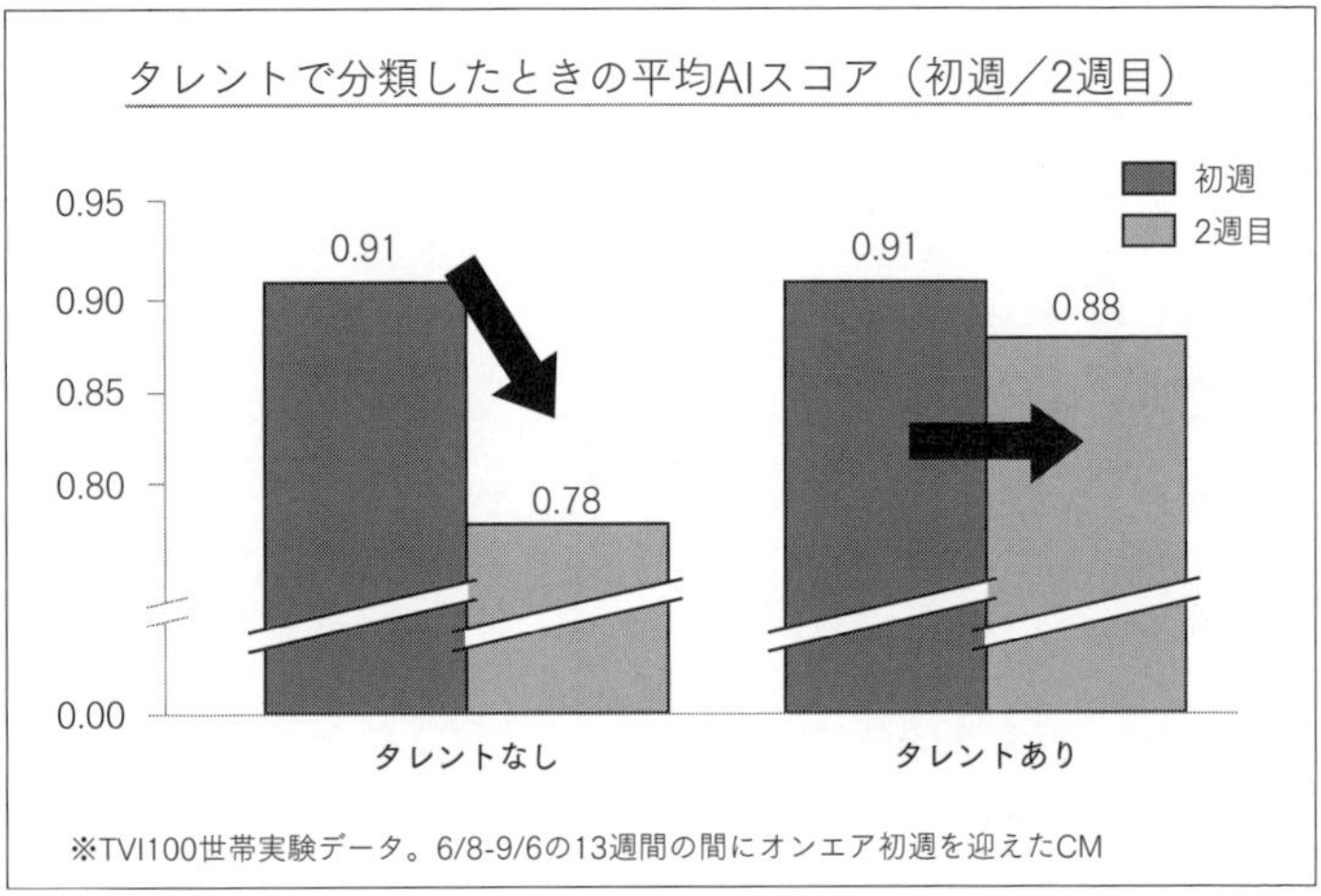

図9−4 タレントで分類したときの平均AI値（初週→2週目）

もちろん、タレントの記号性やイメージの利用による効果は、オーディエンス側のそのタレントに対する認識やイメージの有無によって大きく変わるだろう。

仮に、タレント起用のＣＭが国内と海外で流れた場合の効果を想像するとわかりやすい。タレントを知らない人にとっては、タレント起用のＣＭもノンタレＣＭになってしまう。国内においても、オーディエンスの層ごとにタレントの認知度やイメージが異なることは大いに有り得る。これは分析視点として常に意識しておくべきだ。

楽曲タイアップの効果は

用途をＣＭに限って作られたものではない、タイアップ楽曲の効果はどうなのか。計測結果を見ると、ＣＭ本編にマッチしている場合は高アテンションを獲得していたケースがあった。例としては、楽曲に合わせて登場人物がダンスして、一部フレーズを口ずさんだりするようなものである。すなわち、ＣＭの構成上、その楽曲がないと成立しない形では効果的のようだ。

一方、歌が流れている上に登場人物のセリフのやり取りがあるＣＭでは、情報が処理しきれず、混乱して低スコアになったケースが脳波分析で見られたという。この場合は、楽曲の存在がＣＭのストーリーの理解を阻害してしまったのだ。

ということは、楽曲タイアップも、ＣＭ全体の流れの中での使われ方が「自然かどうか」で効果が変わることになる。タレント起用同様に、人気アーティストの楽曲使用が記号として機能する側面もあるだろうが、本来伝えたい情報の伝達が損なわれるようでは本末転倒である。

演出・編集テクニックの正解は

文字スーパーのみのカットは効くのか

文字スーパーのみで背景のないカット。よく絵コンテ上で「コピーゴマ」と呼ばれるカットであるが、現状では一概に効果の是非を言えない。

秒間のＡＩ値の分析では、ＣＭの流れを分断するかのようなコピーゴマによる、アテンションの低下が起きるケースもあった。一方で脳波分析では、画面の文字情報の伝達には、できる限り背景がシンプルなほうが効率のよいこともわかってきている。文字情報の伝達効率そのものではコピーゴマは有効だ。

もちろん個々の企画や演出の意図によるが、ＣＭ全体の流れを優先して、コピーゴマは「ここぞ」というときに使うようなやり方を考えたほうがよいということになる。

ナレーションと文字スーパーの関係性

演出面での細かい話になるが、文字情報について「聴覚と視覚はどちらが先行したほうがよいか」ということに触れたい。

分析結果によると、ナレーションが先行して、文字スーパーがあとから画面に出る場合、あまり効率的な伝達にはなりにくいようである。「先に目で見てから音で聞く」ほうが、見る人の脳にとってわかりやすいというのが原則らしい。

カット変わりの際に、次のカットのセリフを少し前のカットに「こぼす」というのは、編集でしばしば行う手法だと思うが、文字スーパーとナレーションの前後関係については気を付けておきたいところだ。

注目と動き

人の目は「動くもの」に反応し注目することが、脳波分析でわかっている。これは危険察知などに関わる本能的なものだそうだ。本来、目のレンズにはすべての情報が写っているはずなのに、危険をもたらす可能性がある動くもの以外の情報は、「見えていない」ように脳がフィルターをかけてしまうらしい。

ＣＭ制作の現場でも、このことは以前からゴールデンルールとして伝えられていたことでもある。ＣＭにこの人間の性質を応用するとなると、二つの方法が考えられる。

一つ目は当たり前だが、注目させたいものを動かすこと。たとえば文字スーパーやロゴ、パッケージなど、伝達したい情報を動かす。フレーム内で単純に上下左右に動かしたり、ズームさせて大きさを変えたり、フレーム内に「飛び込み」させたりといった編集をすれば、背景に対して対象物が動くことになる。レイアウト位置を変えずとも、色を変える（点滅させる）、グロウさせる（光り輝かせる）といった手もある。これらは普段から編集でよく使われるテクニックだ。

二つ目は、注目させたくないものを動かさないこと。商品パッケージをディスプレイするカットの背景は、せわしなくないほうがいい。もし登場人物が何らかのアクションをしているカットに商品パッケージを静止状態で置いた場合、オーディエンスの目が捉えるのはパッケージではなく人物になる可能性が高い。

カットの尺の長さも影響するだろうが、脳の情報処理という観点から言えばできるだけ情報は少なくしたほうがよく、注目させたいもの以外は画面上「動かさない」、さらに言えば「置かない」のが望ましい。この点を強く意識している人は、送り手にも意外と少ないのではないだろうか。

CMはデリケート

このようにゴールデンルールについて考える中で、改めてCM制作とはデリケートなものだという思いに至った。企画決定の時点では、ほぼ同じような仕上がりと同じような効果を想定していたはずの二つのCMが、仕上がってみると注目度に大きな差が出てしまったりもする。演出プランを練る段階か、撮影か、OKカット選定か、オフライン試写か、どの段階かはわからないが、確実に両者の差を生む何かが起きているのだ。

「美は細部に宿る」というが、小さい（と思っている）決断が、大きな差になる。これを心に留めるということ自体が、ゴールデンルールなのかもしれない。

何も、臆病になれということではない。しかし、制作に携わる人はもう少し慎重になるべきだ。

オーディエンスの立場では、好きなＣＭはメッセージのシンプルなものだったりするけれども、自分の担当ブランドのＣＭとなるとついつい情報を山盛りにしたくなってしまう広告主の人々。自分の持つ映像に対する美学にこだわりすぎるクリエイター、ディレクター、スタッフたち。それぞれのエゴや事情で、せっかくのＣＭ効果を減らすのは本意ではないはずだ。もったいない。

しかし、知らないうちにそうした判断をしてしまっているかもしれないのだ。必要なのは送り手の「言いきった」「作りきった」という満足ではない。受け手に好感を持って伝わることである。一度、自分の判断を「単なる思い込みではないか」と疑ってみるべきだと、自戒を込めて思った次第である。

ＣＭデータ分析・今後の課題

これから行っていくべき検証について

ここまで、現時点で得られた知見にもとづくゴールデンルールを考えてきた。その中で、今後検証すべきテーマがいくつか見つかってきているので、課題として取り上げておきたい。さらに、視聴質を取り巻く未来として、ちょっと夢のような事柄にも言及する。

企画の構造を分析するには

ここまで見てきた通り、現状のＣＭに対する分析は、最終的にオンエアされた映像がオーディエンスに与えた刺激について、という色合いが強い。そのため演出面についての反応が主なものになっている。ＣＭの根幹となる企画の発想にさらなるフィードバックをもたらすためには、企画構造の特徴とアテンションの関連性についての考察が待たれる。

まずは、もっと多くのＣＭを多面的に分析し、蓄積する必要があるだろう。感情として何を狙っているのか。デモンストレーション型なのかドラマ型なのか。さらには音楽の使い方など、ＣＭを企画上の観点からも分類して、タグ付けしていくことで、どういう企画がアテンションを獲得しやすいのかを見ていく。そこから、アテンションを獲得するためのファクターや組み合わせを見つけていくという作業には大きな価値がある。

メディア要因 〜視聴環境の創出へ〜

「アテンション＝クリエイティブ×メディア」ということからすると、ＣＭがどのタイミングで流れるかという、視聴環境の効率性も大切な要素だ。つまり、メディア単体のみではなく、ＣＭコンテンツとの関係性を含めて分析していくべきだと思う。

曜日や時間帯、どの番組内か、前後のＣＭ内容は何かといったことは、メディアデータとして把握できる。どのＣＭをどこに流すか、最適化を意識したメディアバイイングは視聴質向上のための有効な手段になるはずだ。

もっと言うと、誰と一緒に見ているか、スマホやPCなどもありダブル（トリプル）ウィンドウの環境なのかといったことも、視聴質に影響する環境要因として考えられる。あまりに細かすぎて「分析のための分析」になり、打ち手に反映できないような結果を探っても意味はないが、即時にオンエアするCMを変更したり、デジタル広告で対応したりできるようになってくると、話は変わる。視聴質に影響する視聴環境の把握、視聴環境の創出への取り組みの重要性が増してくるからだ。

表情の分析

アテンションのデータはテレビの前の視聴者をカメラで捉える形で取得されていて、目線の向きだけではなく、表情まで取得している。そのため、CMの注目率と同時に、どういう感情を持っているかということも計測可能である。表情とアテンションを照らし合わせることで、どの感情を狙うと注目を集めやすいか、知ることができそうだ。

だが、（特に日本人の）視聴者は、CMを見ているときにそれほど表情を変えないようだ。CMと比較すると、番組を見ているときのほうが感情の起伏は表情に出やすいだろう。

表情データの活用法としては、番組に対する感情を分析し、その感情に対応したCMをリアルタイムに選定してオンエアする、という最適化をしたほうが望ましい。実際、オリンピック中継での感動シーンの直後に、選手が登場して感動を呼ぶようなCMが流れたところ、高い注目率を獲得したという話も聞いている。

さすがにそこまで番組と関連性の高いCMを用意するのは難しいかもしれないが、人の感情の起伏ということから考えると、前に流れた番組コンテンツと近い感情を引き起こすもののほうが受け入れやすそうだ。たとえば、バラエティ番組のキャストがそのままCMに出演するようなタイアップ形式のもののアテンションは、分析してみる価値がありそうである。

音の要素とアテンション

CMの「音」も、今後もっと分析する余地のある分野だ。

分析となると、どうしても意味性が理解しやすいものが優先されるため、現状ではセリフや歌詞の影響に着目しがちである。しかし、サウンドの要素（楽曲やサウンドエフェクト）も、アテンションには大きく寄与しているだろう。サウンドについての考察をどのように進めていくかについては、まだまだ手探りの段階である。

音楽が曲のみか歌かどうか、歌詞のストーリーとの関連性の強さといった、区別しやすい部分から分析を進めていくことになるだろう。さらに、曲調やテンポ、音の大小のような、人の生理に訴えかけるところまで見ていくことで、CMのサウンドデザインについての知見が得られる。

CMで伝えたいメッセージを歌に乗せる「歌い込み」はよく用いられる手法だが、これもまた経験則的に耳に残るということになっている。そもそも「歌い込み」のCMはアテンションを獲得できているのか、その中でも獲得スコアに差があるとすると要因は何か（反応しやすい音域やテンポがあるという説は本当か）といった分析も興味深い。

シリーズ広告の「馴染み」と「飽き」の矛盾

同じ設定、企画フレームで制作された複数のCMを長期にわたって展開するシリーズ広告は、効果が高いとされている。近年では、巷でヒットCMと言われているものは、ほとんどシリーズものなのではないだろうか（もちろん、好評だからシリーズ化しているのだが）。

送り手側にとってのシリーズ広告の利点は、オーディエンスにＣＭ上の設定を理解してもらっていることを前提にして、コミュニケーションできるところにある。登場する人たちが家族だとか、友人だとかの関係性の説明を抜きにしてストーリーを展開できるのは、尺の短いＣＭにとって大きなメリットだ。広告効果からいうと、オーディエンスがＣＭの世界観に「馴染み」を持ち、好感を抱きやすくなる効果はあるのだろう。

疑問なのは、シリーズの場合は「飽き」がどのような形になっているのか、ということである。「馴染み」のプラスと、「飽き」のマイナスはどちらが大きいのか。個々のＣＭ素材の賞味期限は、シリーズとそうでない場合で違うのか。脳の反応も「馴染み」の効果によって記憶の働きが活性化しやすいのか。これらを分析することが、広告キャンペーンのプランニングや、広告投資の是非を中長期的に判断するうえで参考になることに期待したい。

ＣＭへの注目度でオーディエンスの趣味嗜好を探る

ある特定のオーディエンスが注目しているＣＭを分析することで、趣味嗜好やライフスタイルの分析につながるはずだ。意識やアクションなどのデータでオーディエンスをクラスター（集団）に分け、それぞれのクラスターでアテンションの高いCMを抽出して、嗜好性の違いを見てみるというやり方である。

単純に利用ブランド別、エリア別といった区分ごとにアテンションの高いCMを抽出してみても、オーディエンスの持つ特性について何らかの示唆が得られそうだ。番組に対するアテンションでも同様のことができるだろうが、コンテンツの数で言えばCMのほうが多いので、より細かく嗜好性が現れてくるのではないだろうか。

CMを人工知能で分析できないか

今後の視聴質データ分析について考えていくと、ボトルネックとなりそうなのが、常に増え続ける大量のCMの分類および分析を「誰がどうやるのか」ということである。

人的なリソースを大量に投下することにより可能であるとは思うが、コスト的に有用であるかは疑問だ。視聴質データの蓄積は自動化されているのだから、理想的なのは分類と分析も自動化されることである。

今のところはなかなか困難だが、分析の自動化については人工知能技術の発展に期待したい。すでに、画像に写っているものの識別はできるそうだ。

CMを含め、映像は一枚の画像がたくさん連続したものである。画像の連続した流れとしての動画の理解、言語の意味理解といったことが可能になれば、ゆくゆくは視聴質を生む要因を自動的に解析できるようになるだろう。人間が思いもよらなかった要因の発見につながるかもしれないし、要因ごとのアテンションへの影響度もわかってくるはずだ。

それまでは、私たち広告に携わる人間が仮説を持って個々のケースや分析軸を絞って取り組んでいくしかない。同時に、広告業界だけではなく、映像コンテンツの分析という視点で、他業界と連携していくことも考えるべきだろう。

広告を楽しむ一要素として

本書では、「広告投資に対する効果をいかに高めるか」いう視点で視聴質について語ってきたが、視聴質に関するデータはCMの文化的な側面、コンテンツとしての楽しみ方を高めることにも貢献できると思う。

たとえば、ある期間の「獲得GAPランキング」を発表してみるのはどうだろう。「日本のＣＭ注目度ベストテン」といったタイトルにすれば、広く一般からも興味関心を得られそうだ。年間の累積データにもとづいた広告賞を設定してもよいかもしれない。業界関係者の審査員たちの投票で決まる賞ではなく、史上初（？）の視聴者の素のデータにもとづく賞ということで、広告文化を広め、深めることにつながるのではないだろうか。

検証は続く

ＣＭに飽きがくるということは、映像コンテンツが目を引く要因である「おもしろさ」には、ファッションの移り変わりのように相対的に変化していく部分があるのだろう。一方で過去のＣＭには、今見ても色あせないものもある。普遍的な「おもしろさ」というものも確実に存在するはずだ。

何がアテンションを生む要因なのか、新たなゴールデンルールを発見するための分析と、過去に導き出されたゴールデンルールについての検証は続けなければならない。幸いにして、アテンションのデータは今このときも着々と自動で蓄積され続けている。分析のためのパワーを注ぎ込むことを業界全体として行っていくべきだと思う。

ゴールデンルール考察のまとめ

本章では、ＣＭに対するアテンションや脳波の分析をベースにして、効果的なＣＭを制作する際の留意点〈ルール〉を考察した。

仕上がったＣＭに対する反応を計測しているため、得られた知見は演出面に関するものが多い。とはいえ、企画発想の段階でルールに留意しつつ、演出から逆算してＣＭを構成していくこともできるはずである。

視聴者のＣＭに対する反応は時代とともに変化していく。現状のゴールデンルールも未来には通用しないかもしれない。ゴールデンルールは常にチェックされ、更新されていくべき性質のものだ。加えて、企画要素や音に関しての分析など、取り組むべき課題は多岐にわたる。今後も継続的な分析が望まれる。

ここまで、ＣＭを効果的にするためのポイントを考えた。しかし、広告はＣＭのみにあらず。すべての施策を統合したキャンペーンとして効果を最大化することが大目的である。次の章では、新しいデータ指標の活用を前提として、キャンペーンをどうマネジメントするかについて考えていきたい。

Ⅲ 注目量を集めるクリエイティブ

川越 智勇 ［著］

第10章

視聴質データが変える広告キャンペーン・マネジメント

デジタルの機動力がテレビで実現する

キャンペーンの流れに訪れる変化

大きく変わる流れ

今まで述べてきたように、視聴質データを導入することで、CMの効果をどう把握するかが変わる。しかし広告実務の現状から考えると、視聴質データの導入による影響はCMだけに及ぶのではない。その他のコミュニケーション手段も含め、その後の打ち手をどう考えるかというキャンペーン全体のマネジメントを変えていくことになる。

まずは、これまでの広告キャンペーンづくりのプロセスを確認しておこう。通常、オリエンテーションがあり、CMなどのアイデア開発、メディアプランを含むキャンペーンプランの構築がある。それからプレゼンを経て（場合によっては事前テストをはさんで）制作に入り、キャンペーンを実施する。終了後には効果測定調査を行い、その結果をもとに次のキャンペーン

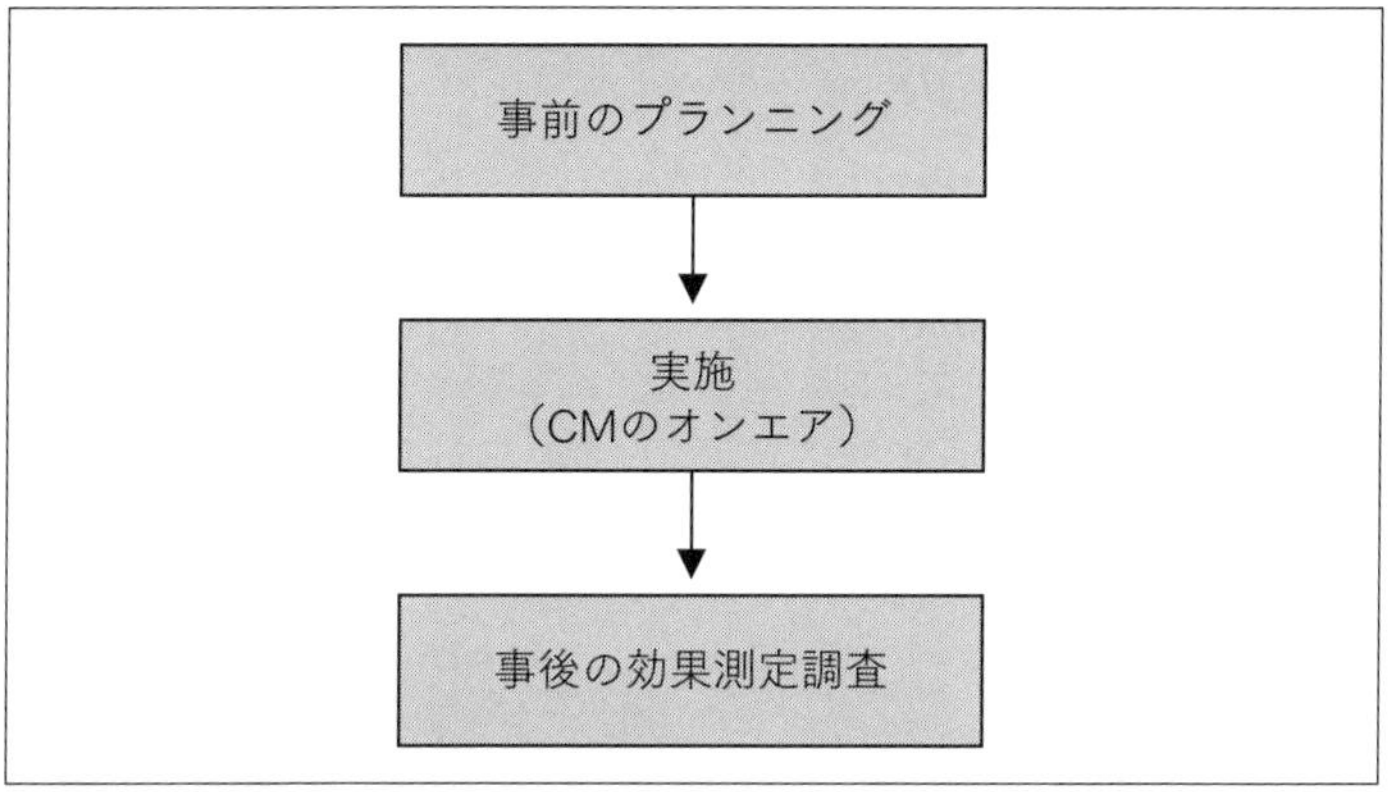

図10－1　これまでの広告キャンペーンの流れ

ペーンのオリエンテーションをする……という流れになっている。これらを大まかにまとめると、「事前のプランニング」「実施」「事後の効果測定」という三つの段階になる［図10－1］。

しかし、中間指標であるGAPおよびアテンションを、事後ではなくキャンペーン実施中に活用すると、その前提も変わっていく。

これまでの事後調査を前提にしたプロセスでは、キャンペーンがいったんスタートしてしまったら、終わるまで結果を待つしかない。不幸にして思ったような効果が出ていない場合にも、粛々と予算消化が進んでいってしまう。いや、そもそもどのような効果が出ているのかもわからないまま、終了後の効果測定を待たねば状況を把握できないというのがこれまでだった。

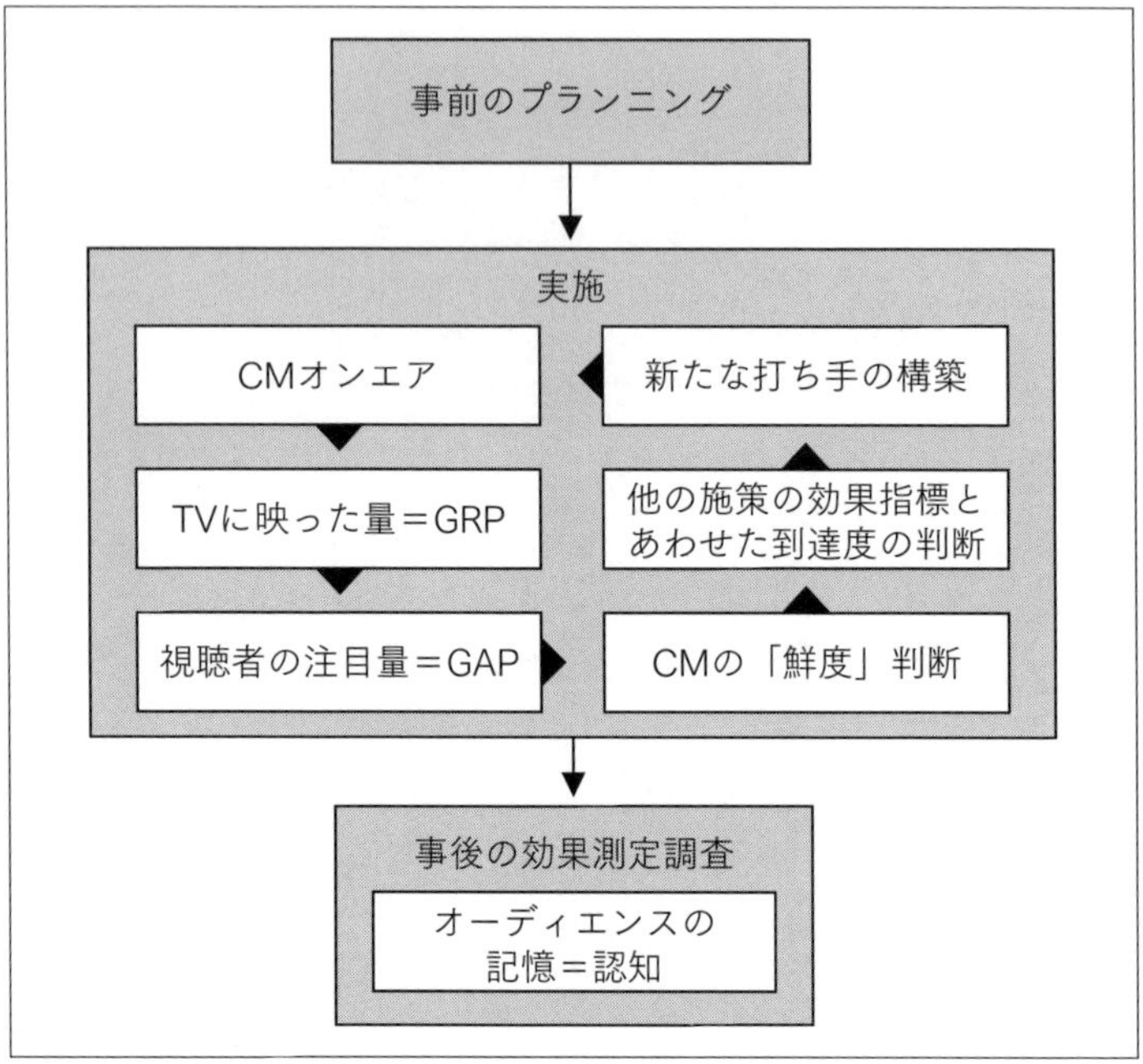

図10―2　これからの広告キャンペーンの流れ

今後は、キャンペーンのマネジメントはリアルタイムになっていく。キャンペーンの実施中にＧＡＰをリアルタイムに把握することで、ＣＭ素材の「今の注目度」「今の鮮度」を把握することができる。投下ＧＲＰ／フリークエンシーごとに獲得ＧＡＰを見ることで、自社の過去の素材や同カテゴリーの素材の平均値と比較して、オンエア中の素材への注目度とその勢いを検証するのである［図10―2］。

素材の切り替えとデジタルの追加

もちろん、「検証したらおしまい」では意味がない。対応した打ち手を用意しておくべきだ。もしCMの「鮮度」がなくなった、つまりCMの賞味期限が来た、という場合には、素材の切り替えで対応するべきだろう。複数の素材制作にはコストがかかるが、メディアのコストを無駄にするのとどちらがコストとして大きいかを、事前に予測・判断してキャンペーンを設定しておかねばならない。もともとシリーズ広告の設定で複数素材を展開しようとしていた場合には、素材の切り替え時期をアテンションで判断する心づもりをしておくということになる。

逆に、CMの「鮮度」があるうちはオンエアを継続してよいという判断になる。しかし、現状のテレビのメディアバイイング環境では、デジタルメディアのように枠の買い足しをリアルタイムに行うことは難しい。デジタルでのメディア買い足しも視野に入れてみるというのが現実的だろう。今後バイイングの環境が変化すれば、「CM素材の鮮度に応じてメディアを買っていく」というような運用方法も出てくるかもしれない。

事前にすべて決めないことが大切

右記のようなリアルタイム・キャンペーン・マネジメントを導入するにあたっては、事前に決めきらないことが大切だ。計画した予算を粛々と消化する、というこれまでのやり方ではなく、刻一刻と変化する状況に応じた最適な打ち手を打っていく必要があるからだ。

すでにデジタル広告の運用やSNSでの対応などでも、リアルタイム性を求められ始めている。フレキシブルな対応を前提にしたキャンペーン全体のプランニングと実施および運用が、今後さらにキャンペーンの送り手にとって必然となっていく。そのためには、キャンペーンのプランニングの際に予算の使途を全部は決めずに、一部をフレキシブルな対応のために取っておいたり、どのタイミングで施策の見直しを行うかのスケジュールを設定しておくことが必要だ。

今後、視聴質だけではなく、扱えるようになる効果測定やアクションのデータは増えていく。打ち手となる広告手法も増えていくだろう。さまざまなデータの組み合わせから、その時点で最善の打ち手を発想して即時に実現するキャンペーン・マネジメントを模索していくことになるはずだ。

ターゲットに対する柔軟性

ターゲット視聴率とターゲット視聴質

GAPをターゲットごとに分析することで、CM素材がプランニング上の狙い通り、ターゲットのアテンションを獲得しているかどうかも検証することが必要だ。もちろん、CM投下量をターゲットGRP（TARP）で把握して、投下量とアテンション獲得量との関係を見ることになる。

テレビへの接触態度が年齢層ごとに異なることがはっきりしてきた現状から考えると、ターゲット視聴率のみならず、ターゲットごとの視聴質が時間帯や番組の影響を受ける可能性が高いことは想像がつく。CMコンテンツがメディアプランとどの程度合致しているかを検証する意味でも、ターゲットごとに視聴率と視聴質を把握することは重要だ［図10−3］。

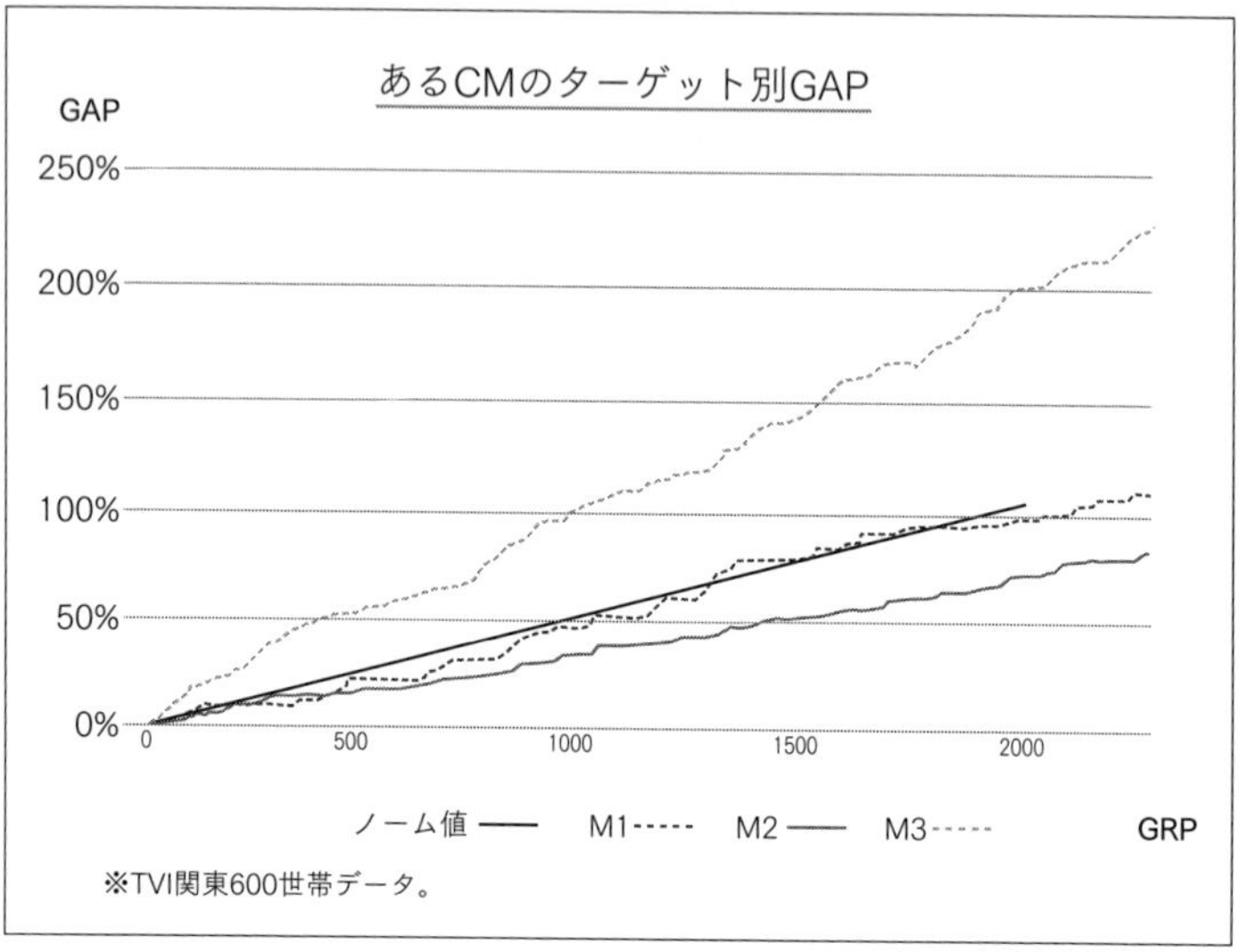

図10−3 あるCMのターゲット別GAP

あるターゲットへのＣＭの到達度が目標より低く推移している、ということになれば、ほかのコミュニケーション手段で補完するべきだろう。メッセージ伝達やイメージ形成の狙いといった広告の目的から考えると、同じ動画コンテンツであるデジタル動画広告の追加投入がよいのではないだろうか。

その際には、データから得られた知見をもとにして、男女別・年齢別などそれぞれのターゲット向けにＣＭ素材を再編集し、配信を分けることでより注目度を高めることを考えたい。

アテンションに合わせてターゲットを変える

一方で、デジタル広告的な発想では、アテンションがよく取れている層がそのCM素材にとってのターゲット、とも言える。たとえば、高フリークエンシーになっても獲得アテンションが多い層（＝CMが好きで何度見ても注目し続けている層）は、そのブランドの購買を伴ったファン層なのかもしれないし、単にそのCMが好きなのかもしれない。

場合によっては、当初設定していたターゲットそのものを再考しなければならないこともあるだろう。その際には、CM素材のみに対して好反応なのか、対象となる商品やサービス、ブランドにとっての見込み客となりうるのかを見極める必要がある。ほかのコミュニケーション手法への反応や、商品やサービスの利用実態調査なども参考にして判断すべきだ。

現状のテレビメディアのバイイング環境では、ターゲットごとにキャンペーン内容を変えて展開するといっても、性年齢別とエリア区分でのセグメント以外は困難であろう。しかし、テレビのネット同時配信が検討されているように、メディアの状況も変化していくはずだ。ネットや実購買など、ほかのデータとの組み合わせでターゲットの質的な把握を進めるとともに、CM素材をどういうメディア接点で視聴者に送り届けるかも考えていくことになるに違いない。

ほかのコミュニケーション手段のアテンションへの影響は？

GAPの利用法の一つとして、ほかのコミュニケーションの影響度を測るといったことも考えられる。時系列でアテンションを見ていくと、ほかのコミュニケーションの影響によって、CMの注目度が高まることもわかるかもしれないからだ。

たとえば、現在よく行われているCMオンエア開始に合わせたPR（朝の情報番組やスポーツ新聞、ネットニュースなどでよく見かける「タレントの○○さんが出演の最新CMがオンエアスタート！」といったもの）や、CMメイキングやCMの評判に関するPR／記事露出（「あの人気CMに実は隠しキャラが！」とか「あのCMで使われている楽曲がヒット！」といったもの）がCMのコンテンツとしての注目度を高めることがあるのではないだろうか。

この場合、投下GRPから得られるGAPの平均値との比較であったり、PRなどの露出時前後の獲得GAPを比較することにより、ほかの手段の影響の度合いを見ることになる。キャンペーン後の調査でＰＲなどの影響度を把握するのは困難だが、キャンペーン実施中の各時点でアテンションを把握できることで、こういった視点も持てるようになる。

キャンペーンの送り手は、ＣＭのみの素材の鮮度だけではなく、ほかのコミュニケーション手段の露出についても時系列で組み合わせを考えるべきだ。そうすることで、キャンペーン全体の鮮度維持を狙うことも視野に入れたプランニングが可能になる。

テレビでテストができる時代がやってくる

オンエアしながら「正解」を探る

鮮度維持のために時系列に素材を切り替えるのではなく、よりよい注目度を目指して、もっと効くCM素材の選定をキャンペーン期間中に行うことも可能だ。

複数のCM素材を実際にオンエアしてみて、視聴質のよいCMのオンエア量の割合を多くするのである。デジタル広告におけるABテスト的な運用と同様の考え方を、テレビCMに適用する形である［図10－4］。

この場合の「複数のCM素材」というのは、仮に二素材の場合、同一の企画フレームで二企画ということでもよいし、まったく異なる二企画でもよい。さらに言えば、単一の企画の編集違い二つといったものでもよいだろう。第七章で述べたように同じキャンペーン

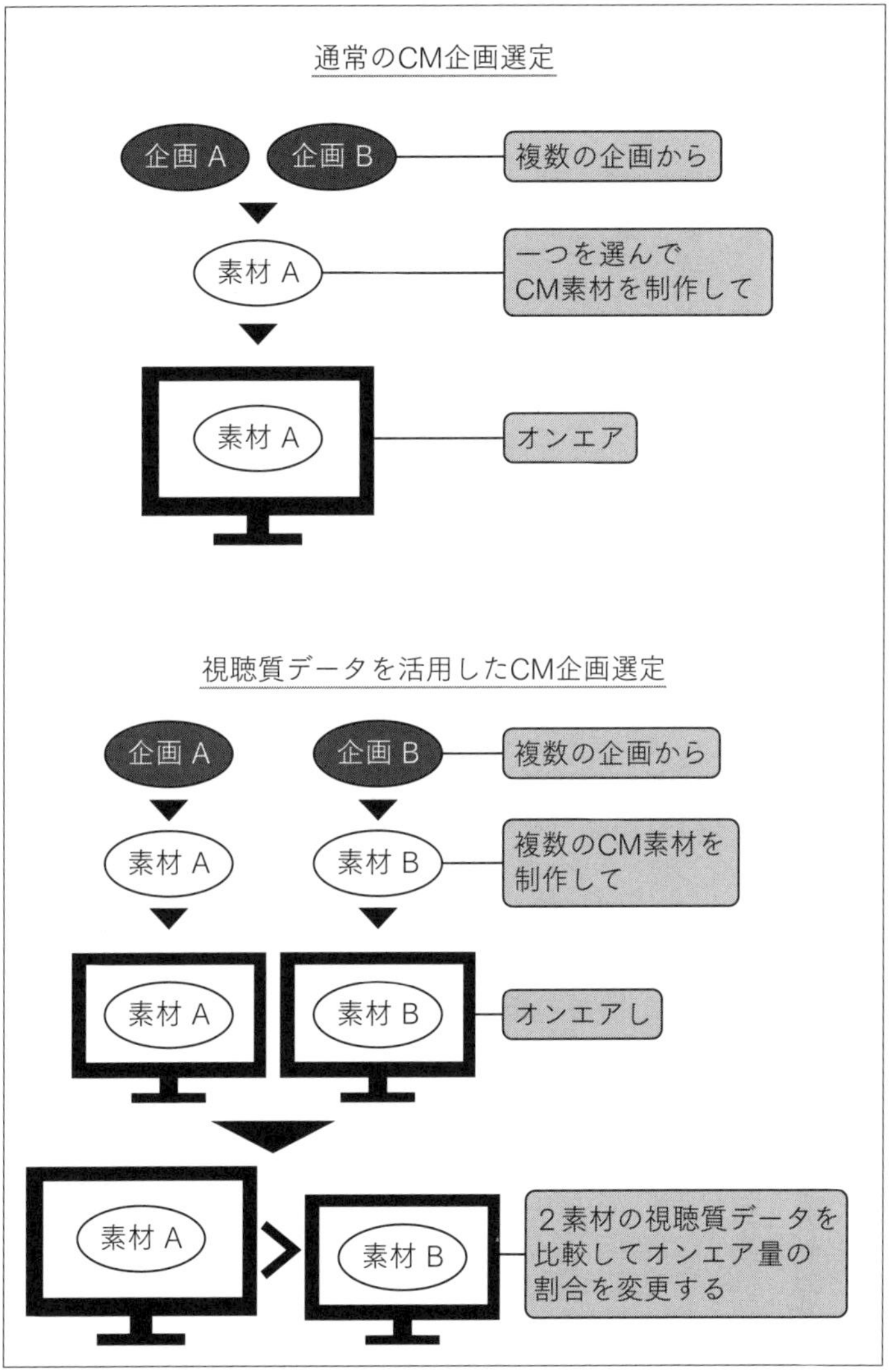

図10−4 テレビCMでもABテストができるようになる？

フレームであってもCM素材によって得られるアテンションには差が出る。企画段階では同じようなものであっても、撮影や編集といった演出段階を経て実際に作られたCMは別モノである。それぞれの持つ刺激としての力は異なるのだ。

最終的に映像表現としてどう仕上がっているかがアテンションに影響することから考えると、単一の企画の編集違い（カット順の違いやスーパーの有無や大きさなどの見せ方の差）であっても、オンエア後のスコアが変わってくる可能性は大いにあるだろう。

実務上、クライアント（広告主）とCM制作者との間で、編集など最終的なCMの仕上がりについて意見が対立することはよくある。その場合にそれぞれに効果的だと主張する編集のバージョンを実際にオンエアして、どちらがアテンションを多く獲得するか計測してみるのはどうだろうか。どちらが効果的なのかはオーディエンスに決めてもらうのである。

今後のオンライン素材運用がどうなっていくかによるが、技術的にはデジタル広告と同様のフレキシブルな素材の差し替えが可能になるはずだ。編集室でクライアントのOKをもらうのではなく、テレビの前でオーディエンスのＬＩＫＥをもらう、というふうに変化していったほうが、結果としてクライアントの利益につながると思うのだが、どうだろうか。

CMの「鮮度」をウォッチする
～リアルタイム・キャンペーン・マネジメント～

キャンペーンのリアルタイム化に対応する仕組み

プランニングのリアルタイム化

新たなプロセスの流れに合わせたプランニングや実施のリアルタイム化に対応するために、必要な仕組みについても考えてみよう。

広告会社におけるプランニングのリアルタイム化対応という点では、まず「ストラテジーありき」で、次にクリエイティブとメディア、という「川上と川下」の発想だけでは対応できなくなるだろう。プレゼン用の企画書を最初のページから工程通りに創るための動きを前提にしていては、リアルタイムにキャンペーンの実態を把握して、最適な打ち手を次々に投入するプロセスを短時間で実現することは難しくなる。

キャンペーンを走らせながら、オーディエンスの反応に合わせるという考え方を根付かせる必要がある。そのうえで、クリエイティブやメディアの最適化視点にもとづいた戦略の見直し、メディア間での予算配分の見直し、クリエイティブの調整や素材切り替えといった対応を、限られた時間でフレキシブルに行うことが要求されるはずだ。

営業は「売りっぱなし」ではいられなくなるし、各スタッフもストラテジー、クリエイティブ、メディア、プロモーションといった、それぞれの領域にもっと踏み込む必要が出てくる。そのためには、隣接する領域に対する理解が前提となってくる。

実務のリアルタイム化

実施のリアルタイム化を進めるにあたっては、まずは前述のような効果測定調査のリアルタイム化が必要になる。今までのような事後調査のみでなく、キャンペーン実施中に、簡便に認知率だけ知るような手段を組み込んでいく仕組みが求められる。

テレビＣＭのメディアバイイングについても、デジタルメディアのようなリアルタイム化が究極的には見えてくる。事前にＣＭ考査を終えておき、オンエア素材をリアルタイムに選定する方式がまずは一般化するだろう。クリエイティブ領域においても、リアルタイムな映像素材制作に対応できる環境を、期間、コスト、クオリティの面から追求していくことが求められてくるだろう。

それぞれの役割が変わっていく

誰がキャンペーンをマネジメントするのか

このようなリアルタイム化された実務プロセスを行うための問題は、「人」である。いったい誰がキャンペーン全体のマネジメントをしていくのか、ということが課題となってくる。

機能から考えると、①分析：視聴質などのデータを把握して、②企画：コミュニケーション手法に応じて施策を組み合わせて、③実施：キャンペーンの実行時にリアルタイムな対応を行うことが必要だ。

部分最適の追求だけに陥らないようにするためにも、①～③の全体を俯瞰し、判断する「キャンペーン・ディレクター」のような役割を設定すべきだ。理想で言えば、広告主と広告会社の双方に一人ずついることが望ましい。候補者として考えられるのは、広告主側なら広告部門の責任者や、マーケティング部門の責任者になるだろう。広告会社側では営業、ストラテジック・プランナー、クリエイティブ・ディレクターが挙げられる。

しかし現実的には、一人で担うのは難しいかもしれない。その場合は複数名のチームを構成して対処することになるだろうが、その場合でもチームの判断の責任者としてのディレクターを置くべきだと考える。

リアルタイム・キャンペーン・マネジメント時代に対応する人材と組織とは

マスとデジタルを横断できる人材育成

では、今後のキャンペーン・ディレクター育成のためには何が必要だろうか。まず、メディア横断的なキャンペーン・プランニングに対応することから始めなければならない。

広告主ではテレビ、プリントメディア（新聞・雑誌など）、デジタルといったメディアごとに部署や担当が分かれ、それぞれに予算と進行を管理するやり方を取っているところが多数だろう。広告会社では枠の買い付けとそこに流すコンテンツ開発との分断があり、さらにそれはマスとデジタルで別々の組織になっている。組織に紐付いて人は配置されるので、組織が分断されている間は、人の素養もそれぞれの組織内でのものに留まってしまうはずだ。

理想的なのは、機能分化された部署にではなく、プロジェクトに人を配置して、横断的な職務でキャンペーン業務にあたるやり方である。そういった意味では、組織横断的な役割としてのキャンペーン・ディレクター（チーム）を据えて、その人（たち）と協業する形でスタッフを置き、実務を進めるべきだ。これにより、個々のスタッフにも新しいキャンペーン像と、その進行に関する業務イメージが浸透していくだろう。

「デジタル化」とは別に考える

このように業務横断的な視点が必要だと言うと、「デジタル化」の話だとついつい考えがちである。もちろん、マスに関する知識や経験だけでは足りないので、デジタル対応しなければならない人材は多いだろう。しかし、ここで必要なのは一方向のデジタル化ではない。

今やデジタル領域しか知らない人が増えており、その人たちにはむしろ「マス対応」が必須なのだ。テレビCMを始めとするマスメディアでの広告や、リアル領域のプロモーションについての知識や経験がなければ、全体的なキャンペーンのディレクション視点は持ち得ない。

関連して、最近実務でよく遭遇する、「数値データで計測可能な手法しかキャンペーンに組み込まない」という発想もナンセンスである。計測は手段であって目的ではない。目的、目標の達成のために効果的だと想定される手法は採用すべきだ。むしろ、計測不可能な手段を使うことにこそ、全体の効果を予想以上に向上させる可能性があるのではないだろうか。そのためにも、フレキシブルな予算配分の余地を持つことが大切になってくる。

広告主と広告会社との境界線

広告主と広告会社の把握する情報や考える領域も、ますますクロスオーバーしてくる。実売などのアクションに関するデータも加味してキャンペーンをマネジメントしていくことが必要になるし、メディアデータも両社の間でタイムラグなしに共有されるようになっていくからだ。さらに言えば、広告キャンペーンはマーケティングの一環なのだから、生産や販売といった広告業務以外のほかのマーケティング活動との連携も、もっと進んでいくことになる。

昨今、コンサルティング領域に広告会社が参入する、あるいはコンサルティング業界が広告業務に参入するような動きが出てきているが、この流れはもっと進んでいくだろう。現状を見る限り、「コンサルタント」というくくりで呼ばれる企業たちも、それぞれ対応できる領域は異なる印象だ。今後、さまざまなレイヤーのプレイヤーが、一つのプロジェクトのためにチームを組むこともあるに違いない。

クリエイターの質も変わる?

CMの企画と制作を担うクリエイターも、質的に変わることを求められるだろう。データを参考にしつつ、発想し、制作物をチューンする。こういうととても杓子定規に思ってしまいそうだが、自分の創ったものに対するレスポンスがよりダイレクトな形で届くというふうに捉えると、このプロセスに対して前向きになれると思う。

視聴質のデータの取り方を見ると、今までテレビの向こうで見えなかったオーディエンスが、送り手側からも見えるようになるということだ。いわば、テレビという壁が取り除かれて、劇場でCMという出し物に対する反応がダイレクトに伝わる状況である。芸人が舞台に立って客のリアクションを生で感じるような、「おもしろさってなんだろう」ということをオーディエンスと共有するというのか、「世の中」と一緒にモノを創っていくような感覚を得られるのではないだろうか。

デジタルはもちろん、プロモーションやPR、メディアなど、送り手側のほかの領域との人々との協業も、避けては通れなくなってくる。サッカーでたとえれば、チーム戦術の理解が前提となり、フォワードの選手による前線からの守備や、ディフェンダーの攻撃参加が当然になってきたようなもの、という感じだろうか。広告の世界でも、いかに優れた能力を持っていても、チームの戦術にそぐわないと起用されない時代がやってくるかもしれないのだ。いや、とてつもなく優れていれば、例外的にチーム戦術から自由に振る舞えるのかもしれないが。

制作プロダクションの重要性

制作プロダクションの重要性も大きい。本書で述べてきたように、現状CMの質の把握は、演出面がかなりの部分を占める。いかにデータや知見があっても、実際の制作現場に反映されなければまったく意味がない。

もし、制作プロダクションで視聴質データにもとづく演出についての知見を活用できれば、最適な演出手法の提案や、ディレクターの選定で新しい価値を創ることができる。創る量が多いからこそ、質を高めることができるはずだ。

リアルタイム・キャンペーン・マネジメントのまとめ

本章では、CMの効果に関する新たなデータ指標導入を前提に、リアルタイムな広告キャンペーンの構築について、さらにその実施のための組織や人材についても考察した。

CMへの反応を始めとして施策の到達度を実施中に把握し、次の打ち手を考え実施するというリアルタイム・キャンペーン・マネジメントのプロセスによって、トータルな広告キャンペーンの効果を高めることが現実的になってきた。時系列でキャンペーンを捉える観点を持ち、予算も期間も施策も柔軟にしていく発想が必要だ。

リアルタイム・キャンペーン・マネジメントのプロセス実現のためには、これまでの「機能別」の組織を越えたプロジェクトメンバーの編成が不可欠だ。もちろんそれぞれ専門の役割を果たすことは前提として、ほかの役割についても積極的に関わっていく。その結果として、キャンペーンを俯瞰してマネジメントできるキャンペーン・ディレクターたる人材が育成されていくのではないだろうか。

次章は、最終章である。本書の内容を実践するためのガイドとして、実務のプロセスを具体的に整理していく。

III

注目量を集めるクリエイティブ

川越 智勇［著］

第11章 視聴質と実務のこれから

視聴質を前提にした実務とは

本書の内容を実践するにあたって

ここまで、新しいデータの活用によるCMの分析を紹介し、それぞれの役割や実務内での位置付けについて触れてきた。

最後にもう一度、新たな効果測定手段とテレビ広告に与える影響全体を俯瞰して、CMづくりを始めとするこれからの広告キャンペーン構築の実務について、各指標の導入方法、プロセスの進め方といった視点から考えていきたい。

実務におけるGAPの導入

実務ではどうやってGAPを導入するとよいのだろうか。メディアバイイングには、これまでと同様に視聴率の総和であるGRPを使って、効果測定に視聴質の蓄積であるGAPを導入するのが最初のステップになるだろう。形としては、これまでの広告効果測定調査をバージョンアップするイメージだ。

メディア×クリエイティブの到達総量と効率を見る指標としては、

- 総GRPと総GAP
- ターゲットGRPとターゲットGAP

をそれぞれ把握することが考えられる。投下した広告量であるGRPに対して、獲得できた注目量であるGAPが妥当であったかどうかという視点である。

メディア×クリエイティブの効率

もちろん、このデータを一つのキャンペーンのみで把握しても評価しようがない。自社もしくは業界の平均的な値（もしくはＣＭ全体のノーム値）を基準に見ていくことが必要である。現状、メディア視聴率だけ見ても世帯ＧＲＰとターゲットＧＲＰには差が出る。ここに、ＣＭクリエイティブの影響も加味したＧＡＰという指標を入れると、オーディエンス全体で見た場合と特定のターゲットに絞って見た場合には、もっと大きな差が出そうだ。キャンペーン・プランニングの段階でそもそものターゲット設定を明確にして、評価軸をはっきりさせておくことがますます重要になる。

メディア×クリエイティブの効率を見る指標は、

- フリークエンシーごとの獲得ＧＡＰ
- 期間ごとの獲得ＧＡＰ

となるだろう。視聴が繰り返された場合の獲得ＧＡＰの増減を見ることで、ＣＭのコンテンツとしての賞味期限に対して、メディア投入量が適切であったかを見ることができる。期間ごとの獲得ＧＡＰデータについては、特に長期のキャンペーンの場合には月ごとに見るとよい。ほかの施策の影響について検証する際には日ごとに見ると有用だろう。

スポットの妥当性とコンテンツとの相性

メディアの効率に視点を絞ると、

●オンエア曜日や時間ごとの獲得アテンション（ＡＩ値もしくはＧＡＰ）を見ることで、どの時間帯でのオンエアがオーディエンスの注目を集めたかを把握できる。これは、テレビスポットの線引きの妥当性の検証に使えるのではないかと思う。

一般的なテレビの視聴傾向からすると、慌ただしい朝帯よりも落ち着いて視聴する夜のほうがアテンション獲得効率はよさそうだ。しかし、ブランドやＣＭの特性によっては、時間や曜日ごとの傾向が異なることも考えられる。アテンションの先にあるアクションまで、データを見て総合的に効果効率を判断する必要も出てくるだろう。

さらにメディアについて、

●番組ＣＭでの獲得アテンション（ＡＩ値もしくはＧＡＰ）

を把握することは、番組とＣＭコンテンツ（もしくはそのブランド）との相性を検証するのに有効だと思う。結果によっては、提供番組を見直す、あるいは番組（の視聴者）に合ったコンテンツに調整することができる。たとえば、通常のスポット向けのＣＭ素材とは別に、番組内限定のタイアップ型ＣＭを制作するなどしたほうがよい場合があるだろう。

検証は広がっていく

もちろん、従来通りのブランド認知率やブランドイメージなど、効果測定指標やアクションの指標についても調査で変化を把握し続けることは必要だ。すべての広告コミュニケーションの結果の総和である認知やイメージに対して、ＣＭがどの程度影響したのかを検証する必要がまずある。

さらに、デジタル広告などの測定しやすい手法の効果指標も組み合わせて検証することで、交通広告など効果の測定しづらいほかのコミュニケーション手段の影響度を割り出すことにもつながっていくことを期待したい。

視聴質を中心にしたプロセスの進め方

実務プロセスの見直し

まず、視聴質データの活用を前提にした広告キャンペーンの策定から実施、さらに次のキャンペーンへ、という流れをどのようなプロセスで行っていくことになるか、考えてみよう。

ここでは、よく見られる次の実務の流れをベースに考える。

①広告主が広告会社にオリエンテーション（以下オリエン）を行う
②広告会社がキャンペーンプランを提案、合意する
③プロダクションとCMを制作し、メディアバイイングを実施する
④キャンペーンを実施する

①オリエンでの視聴質の使い方

始めに、広告主が行うオリエンを視聴質対応にしていかねばならない。次のような項目についてまとめて、オリエンを行うことが必要だ。

マーケティングに関すること
- ターゲットとその特徴
- 市場環境
- 広告対象となる商品やサービスの特徴
- 今後予想される事柄（商品に関するニュースや競合動向など）
- 解決すべき課題

キャンペーンの目的設定
- キャンペーンのゴール（目的）
- 数値目標（何をKGIやKPIにするか）

キャンペーンの期間と予算

●キャンペーン期間の想定とその期間にする理由
●キャンペーン期間および前後に予定している活動

ここまでは、今までのオリエンと同様である。視聴質データの活用をする場合には、次のようなことも言及していく必要がある。

視聴質データの活用方法

●リアルタイム・キャンペーン・マネジメントを行うかどうか
●事前のCM企画チェックを行うかどうか
●その他の効果測定手法の有無

過去の視聴質データ分析で得られた質的な知見と課題

●CMのコンテンツとしての質の向上に関する事柄
●メディアプランの質向上に関する事柄

これらを加えて考えると、オリエン全体に影響が出てくる。KPIとしては、AI値やGAPをウォッチするか検討することになる。期間について、キャンペーン実施中のどの時点で中間指標をチェックし、打ち手を選択するかを設定する。予算についても、そのフレキシブルな打ち手のための余剰金を、あらかじめ設定しておかねばならない。

②広告会社のキャンペーン・プランニング

続いて、オリエンを受けた広告会社がプランニングをする。その際には、時系列にキャンペーンを構築していく意識をより強く持たねばならない。キャンペーンの根幹となるコンセプトやビッグアイデア、具体的なCM企画はもちろん、次の項目についても提案内容として考慮するべきである。

施策の組み合わせを考慮したシナリオ作り

- オーディエンスのアクションの想定
- その動きを実現する手法の組み合わせ

具体的なコミュニケーション施策の設定

●どのような施策をいつ実施するか
●リアルタイムキャンペーンマネジメントを行う場合の施策の選択肢
●キャンペーンの効果に対する判断実施タイミングと、次の打ち手投入までの期間想定
●何をいつ計測し判断の材料とするか

特にCMについての検討事項

●GRPに加えてAIやGAPの目標値の想定
●目標値にもとづくCM素材数の設定
●デジタル動画広告へのCM素材転用の有無の想定

こういった事柄について考えておくことで、キャンペーン実施中の打ち手の見直しから、「プランB」の即時発案および実施に対応することができる。

③CM制作

さて、広告会社がオリエンに対応した提案をし、企画、メディアプラン、その他の施策を組み合わせたキャンペーンプランが広告主と合意されると、次はCMの実制作である。

CM制作に関わる広告会社のクリエイター、および予算管理の担当者と制作プロダクションのプロデューサーの間では、演出プランの検討と並行して、映像コンテンツを活用したほかの施策実施について事前に考えておく必要がある。

CMの映像コンテンツとしての活用法

- CMの素材数とオンエア方法（素材が複数の場合は同時か逐次か）
- オンラインビデオ広告への転用の可能性有無
- 転用する場合の映像の内容変更の度合い
- 転用版の制作期間や予算

アウトプットとなるものの質や制作期間、タイミングなどが、これまでのCM制作とは変わってくる。視聴質データやそれにもとづくキャンペーンの動きについて、CMディレクターやキャスティングなど、関連スタッフとも事前に共通認識を持っておくことがスムーズなプロセス進行には不可欠だろう。

④キャンペーンの実施

CM素材を仕上げ、メディアバイイングも済み、その他の施策の準備を終えたら、いよいよキャンペーンのスタートだ。

リアルタイム・キャンペーン・マネジメントを行う場合は、キャンペーンの実施中に各指標を把握し、状況を理解して、次の打ち手を判断する。好調な場合は当初のプラン通り継続すればよいが、課題が見つかった場合にはプランの変更を行う。

キャンペーン実施中に判断材料となる指標をチェック

- リーチ、GAP、認知といった項目についてチェック（キャンペーンごとに指標は異なる）
- その後のプランを決定（CM素材の切り替え、オンライン広告の追加など）

速やかな準備と実施
- CMやオンラインビデオ広告などコンテンツの準備
- 必要なメディアの追加買い付け
- その他の施策での対応（PRやSNSでの情報発信方針変更など）

キャンペーン期間をどのように捉えるかによるが、必要な時期に必要な回数、指標チェックと施策見直しをすることになる。

キャンペーン実施後には視聴質データに加えて、効果測定調査やオーディエンスのアクション（ネットでのアクセスや来店、実売など）を総合的に見て結果をチェックし、次のキャンペーンにつなげていくことになる。

各種データの収集・分析
- 視聴率、視聴質データの収集（メディアとクリエイティブの効果検証）
- 脳波測定での詳細なCM分析
- 広告効果測定調査による認知やイメージの把握

- 消費者のアクションに関するデータ収集
- その他の施策に関する結果についてのデータ収集
- 右記の横断的な分析からの知見抽出

次のキャンペーンのオリエンに向けて

- 分析結果の関係者への共有
- 今後の方針についての検討

　このような実務プロセスを繰り返すことにより知見を蓄積し、キャンペーンの効果を高め続けることを目指していく。

視聴質を前提とした実務のまとめ

本章では、ＣＭを取り巻く新しいデータ指標の導入と実務プロセスについてまとめた。新たな指標の導入をきっかけにして、オリエン、企画、実施、効果測定の各プロセスは変質する。その中でもリアルタイムにキャンペーンを変動させていくかどうかによって、実務の変化は大きい。何度も判断し何度も考えて実施する。単純に思考の量も実施の手間も増えていくことになるのである。

こうしてまとめてみると、前章でも触れた通りリアルタイムなキャンペーンの構築と実践には組織や人材といった面で課題は多い。広告主や広告会社、制作会社の連携も含め、一足飛びに移行していくには困難が伴うことが予測される。

では、いったい何から実践していけばよいのか。

まずは、広告主がなるべく早く、自社に関するデータ分析による知見の蓄積を始めるべきである。視聴質は、各商品ジャンルや各ブランドの注目度によっても変わる。横並びにオンエア量を測れる視聴率とは異なり、オーディエンス側の商品、ブランドとの関わりが影響するからだ。

「我が社の事情」を新しいテクノロジーによって得られるデータで科学するところから始めよう。分析による知見をまとめたところで、キャンペーン構築の実務に組み込んでいく流れを作っていくのが自然だろう。

あとがき

テレビが曲がり角に来ている。そうした実感は読者も持っているだろう。タイムシフト視聴は当たり前になってきた。しかもテレビによる録画再生だけではなく、スマホによるオンデマンド視聴で行われる機会が拡大する。今後は放送との同時配信が行われると、ローカル局などはかなりの打撃を受けるだろう。また４Ｋ、８Ｋといった次世代高精細画像も、これに対応するのは放送ではなく通信による配信になる。

アメリカではあのディレクＴＶがネットでの同時配信を始める。もう放送という手法はなくなるのではないかとさえ思える。

いまだテレビのパワーが強い日本でも、若年層に関しては例外となりつつある。若年層の到達効率はどんどん悪くなっている。

そんな時代だからこそ、マーケティングメディアとしてテレビに巨額を投じる広告主は、テレビ放送およびテレビＣＭを今一度データで見直し、本当の効果と、本当の消費者反応を把握すべき時期に来ている。

本書では、視聴者がどれだけ画面注視をするのかというデータ（アテンション値）をベースに、従来「経験と勘」の世界だったCMクリエイティブを科学するという試みを提唱した。極めてパッシブ（受身）な実際のテレビ視聴環境での「画面注視度」という尺度が、テレビCMの効果における一番大きな変数であるクリエイティブを最大化するための手立てになる。筆者はそう確信している。

ただクリエイティブというものがアートの要素を失うわけではない。データはアートする方向を定め、クリエイターの能力を成果につなぐ手段である。データを味方にできるクリエイターこそ「できるクリエイター」となるだろう。

データ×ビッグアイデアこそがクリエイティブだ。

こうしたデータを駆使した科学的なクリエイティブ最適化という発想が業界に新たな価値を生むことを期待している。

横山　隆治

九〇年代にマス広告の渦中で、実際に一本のCMで売上アップやシェアの逆転を図るという体験をしてきた。予算があればテレビ広告を打つのが当然の選択肢だった。二〇〇〇年を過ぎたころに、「広告からコンテンツへ」と銘打った企画書を書いて、少しストレートな広告表現と距離を置くようになった。二〇〇九年には、いち早くペイド、オウンド、アーンドの概念を企画書にして、以来オウンドやアーンドに立脚した実験的なクリエイティブ・プランニングを標榜してきた。

そうやって一周してきた目で見ると、テレビというリニアな時間の流れに組み込まれたCM時間は、スクロールもスキップも不可なのにユーザーに許容された、数少ないアテンション確保のためのステージだと言える。そこに溶け込み、なおかつターゲットに魅力的に伝わるクリエイティブパワーの在り方を探るという作業は、最新テクノロジーによる計測と脳科学知見で、非常に具体的に進めることができた。

改めて再認識したのは、「CMは、用の美。」ということだ。

コーヒーカップをつくるときに、許容される造形はそんなに広いわけではない。コーヒーを一定量注ぐ容積、洗いやすいことも大事だ。そして、指をかけて持ちやすい取っ手。指への負荷が軽いものがよいだろう。そう考えると、誰もが思い浮かべるコーヒーカップの形状になってゆく。しかしそれゆえに逆説的にデザイナーの存在が重要になるわけだ。単なる機能に収まらない「用の美」の多様で多彩な世界。CMの王道を再発見した感がある。今という時代は、広告に限らず、真意を「伝える」「伝わる」ということが不確実になっている時代だ。多様性をうたいながらも、ひとや社会の許容範囲が狭まっているのでは、という指摘もある。だからこそ、事実として生じている反応や人の持つ本質を、予断なく見ていくという科学的な態度が頼りになる。コミュニケーションの世界で、クリエイティブ・サイエンティストという仕事が、いま要請されているのではないかと思う。

通俗的な解釈を超える専門知見を満たしているわけではないが、新しいテクノロジーと脳科学的知見を使って、クリエイティブを読み解き本質を明らかにしていく新しい試みとして、本書を受け止めていただければ幸いである。

本書を執筆するにあたって、たくさんの方から重要な示唆をいただいた。ニールセンのニューロチームの皆さんとの対話からは多くの刺激をいただいた。また、本文で紹介している事例やインタビューに際してご協力いただいた、森永乳業、リクルートコミュニケーションズの関係者の方々にも感謝の念をお伝えしたい。

大橋　聡史

ある日、共同執筆者である横山さんのオフィスに呼ばれてCMの新しい効果指標についてうかがった。私は驚いたり感心したりしながら、思った。

「これは毒にも薬にもなる」

CMの効果がカットごとに見えてくる。この指標の使いようによっては、CMづくりがもっと窮屈なものになってしまうのではないか。これが、毒。おそらく、クリエイターのほとんどはこのデータに対して拒絶反応をするであろうと考え、第三部はクリエイターに向けたエールのような内容で始めた。

一方で、新しいデータはCMのおもしろさを正当化してくれるのではないかと思った。伝わりにくいところを指摘してもくれる。これが薬の側面だ。人はおもしろいものを見たいはず、というクリエイターのよりどころを強化してくれるのではないか。さらにいうと「おもしろいって何だろう?」という永遠の問いに、少しでも近づくことができるんじゃないだろうか。そんな好奇心を持ちながら、データや分析と格闘した。

これが私にとって初の書籍執筆だ。広告コピー以外にまとまった文章を書くのは久しぶりだが、なかなかタフな仕事だった。システムエンジニア↓ストラテジックプランナー↓CMプランナー↓クリエイティブディレクターという職歴からしてこのテーマは私向きなのだと思いこむことで、なんとか書き終えることができた。できる限り広告に関わるたくさんの職種の方に読んでいただけるよう心がけたのだが、うまくいっているだろうか（それこそ、効果測定が必要だ！）。

本文で触れたとおり、分析はまだまだ緒についたばかり。深さも広さもまだまだこれから、といったところだ。できればこの本をきっかけにして、多くの広告主や広告会社、制作会社の皆さんがＣＭの効果について活発な議論を展開してくれることを期待している。

川越　智勇

本書内容に関するお問い合わせについて

このたびは翔泳社の書籍をお買い上げいただき、誠にありがとうございます。弊社では、読者の皆様からのお問い合わせに適切に対応させていただくため、以下のガイドラインへのご協力をお願い致しております。下記項目をお読みいただき、手順に従ってお問い合わせください。

●ご質問される前に

弊社Webサイトの「正誤表」をご参照ください。これまでに判明した正誤や追加情報を掲載しています。

正誤表　http://www.shoeisha.co.jp/book/errata/

●ご質問方法

弊社Webサイトの「刊行物Q&A」をご利用ください。

刊行物Q&A　http://www.shoeisha.co.jp/book/qa/

インターネットをご利用でない場合は、FAXまたは郵便にて、下記"翔泳社 愛読者サービスセンター"までお問い合わせください。
電話でのご質問は、お受けしておりません。

●回答について

回答は、ご質問いただいた手段によってご返事申し上げます。ご質問の内容によっては、回答に数日ないしはそれ以上の期間を要する場合があります。

●ご質問に際してのご注意

本書の対象を越えるもの、記述個所を特定されないもの、また読者固有の環境に起因するご質問等にはお答えできませんので、予めご了承ください。

●郵便物送付先およびFAX番号

送付先住所　〒160-0006　東京都新宿区舟町5
FAX番号　03-5362-3818
宛先　（株）翔泳社 愛読者サービスセンター

※本書に記載されたURL等は予告なく変更される場合があります。
※本書の出版にあたっては正確な記述につとめましたが、著者や出版社などのいずれも、本書の内容に対してなんらかの保証をするものではなく、内容やサンプルに基づくいかなる運用結果に関してもいっさいの責任を負いません。
※本書に記載されている会社名、製品名はそれぞれ各社の商標および登録商標です。

著者プロフィール

横山 隆治（よこやま・りゅうじ）

一九八二年、青山学院大学文学部英米文学科卒。同年、㈱旭通信社（現ADK）入社。一九九六年、インターネット広告のメディアレップ、デジタル・アドバタイジング・コンソーシアム㈱を起案設立。同社代表取締役副社長に就任。二〇〇一年、同社を上場。インターネットの黎明期からネット広告の普及、理論化、体系化に取り組む。二〇〇八年、㈱ADKインタラクティブを設立。同社代表取締役社長に就任。二〇一〇年九月、デジタルコンサルティングパートナーズを主宰。二〇一一年七月、㈱デジタルインテリジェンス代表取締役に就任。『トリプルメディアマーケティング』（インプレス）、『CMを科学する』（宣伝会議）など著書多数。

大橋 聡史（おおはし・さとし）

㈱デジタルインテリジェンス クリエイティブ・サイエンティスト／シニアコンサルタント。一九九〇年、㈱旭通信社（現ADK）入社。 国内、外資クライアントの営業部署を経て、ADKインタラクティブで統合アクティベーション施策を実践。以降、コミュニケーションデザイナーとしてノントラディショナルなキャンペーンを国内およびグローバル案件で担当。二〇一四年より㈱インテグレートで、クリエイティブディレクターとしてオンライン動画・テレビCMを制作、またバリューデザインを掲げたコンサルティングを通じて、グローバルブランドの戦略シナリオ策定や国内上場企業のコーポレートブランディング等を担当。二〇一六年より現職。著書に『Live! ウェブマーケティング基礎講座』（翔泳社）がある。

川越 智勇（かわごえ・ともたけ）

TOMOGRAPH代表、クリエイティブ・ディレクター。㈱ベストインクラスプロデューサーズ 取締役。一九九二年、㈱旭通信社（現ADK）入社。 情報システム、マーケティングを経て、クリエイティブへ。二〇一二年、ドリルに出向。二〇一三年より、TOMOGRAPH代表。商品開発やコミュニケーション戦略立案から施策の実施までを、マス、デジタル、リアルの領域にわたって行う。これまでにカンヌライオンズ、アドフェスト 、スパイクス、ニューヨーク広告祭、ACCなどの審査員を務めている。クリエイター・オブ・ザ・イヤー2010メダリストはじめ広告賞の受賞歴多数。

届くCM《シーエム》、届かないCM《シーエム》
視聴率＝GRP《ジーアールピー》に頼るな、注目量＝GAP《ジーエーピー》をねらえ

2017年1月16日　初版第1刷発行

著者　横山隆治、大橋聡史、川越智勇
発行人　佐々木幹夫
発行所　株式会社 翔泳社（http://www.shoeisha.co.jp）

装丁・デザイン　吉田朋史（9P）
DTP　BUCH+
カバーイラスト　中尾悠

印刷・製本　株式会社 シナノ

本書へのお問い合わせについては、326ページに記載の内容をお読みください。

落丁・乱丁はお取り替えいたします。03-5362-3705 までご連絡ください。

ISBN978-4-7981-4999-8　Printed in Japan